INDEMNITÉ

DE GUERRE

—

Documents officiels — Loi — Rapports — Ordonnances concernant les dédommagements pour tous préjudices, faits de guerre, impôts, amendes, réquisitions, dévastations.

Prix : 3 francs.

EN VENTE

CHEZ TOUS LES LIBRAIRES ET DANS TOUS LES KIOSQUES

A LACAZE, éditeur

8, rue du Croissant, 8, Paris.

1871

TRAITÉ DES INDEMNITÉS

PARIS. — IMPRIMERIE DE GEORGES KUGELMANN

13, rue du Helder, 13.

TRAITÉ

DES INDEMNITÉS

—

Documents officiels — Loi — Rapports — Ordonnances concernant les dédommagements dus aux ayants-droit, pour tous préjudices, faits de guerre, impôts, amendes, réquisitions, dévastations.

EN VENTE

CHEZ TOUS LES LIBRAIRES ET DANS TOUS LES KIOSQUES

A. LACAZE, éditeur

8, rue du Croissant, 8, Paris.

—

1871

AVANT-PROPOS

En France, bien qu'on en dise, tout le monde s'incline devant la loi. Pourtant, il est peu de pays où l'on s'occupe moins de l'étudier.

Les hommes de loi, les avocats abondent, mais tous ceux qui ne portent point la robe noire ignorent absolument la loi, qui elle-même veut que « nul ne soit censé ignorer la loi. »

Cette négligence pour l'étude la plus utile a de graves inconvénients. En dehors de la dignité du citoyen qui exige, dans un pays libre, que chaque homme sache les lois qui régissent ses biens, sa famille, ses droits, son intérêt le plus simple exige, sinon une connaissance approfondie du texte, du moins une teinture générale de l'esprit des lois.

Les lois fondamentales ont pour bases le bon sens, l'utilité générale. Les lois spéciales sont établies par l'expérience et la nécessité.

Mais il survient certains événements imprévus qui modifient singulièrement les lois existantes.

Alors les législateurs modernes tâchent de fouiller dans le passé et d'y trouver une réglementation qui, tout en satisfaisant à des besoins nouveaux et impérieux, ne blesse en rien la législation établie.

De ces nécessités sociales sont nées des lois écrites. Le code Napoléon en est le recueil le plus complet et en même temps le plus clair, et, pour l'honneur de notre malheureux pays, on peut ajouter qu'il sert de modèle à toutes les nations.

Malheureusement, la multitude des lois nécessaires à régir un peuple est si grande que l'étude en est difficile.

Plus malheureusement, la mauvaise foi et l'intérêt ont poussé certains hommes à chercher dans les mots des interprétations qui, certes, n'étaient jamais venues dans l'esprit des législateurs, depuis Moïse jusqu'au marquis de Boissy.

Au milieu des luttes sans nombre soulevées par la cupidité savante ou la bonne foi ignorante, la magistrature cherche avec passion à tenir la balance droite; mais comme les plus simples choses peuvent être envisagées de mille façons différentes, il en résulte un fait inévitable :

Dans chaque procès les deux avocats, Mᵉ Pour et Mᵉ Contre, invoquent tout une liste d'arrêts se contredisant à ce point que souvent le tribunal, ne voyant aucune raison pour suivre telle ou telle jurisprudence, en applique une qui n'est pas invoquée par les parties.

Un des magistrats les plus éminents de la Cour de cassation a dit :

« Si les honnêtes gens connaissaient les lois, ils n'auraient jamais de procès, parce qu'ils sau-raient se mettre à l'abri des fripons. »

Ce que ce magistrat disait à propos des lois commerciales se pourrait appliquer aux lois qui sont contenues dans ce livre ; si tous les intéres-sés les connaissaient, ils régleraient eux-mêmes la justice de leurs réclamations afin de se mettre à l'abri des déceptions.

Nous les invitons à suivre pas à pas les argu-ments produits par les législateurs, à en observer l'esprit plutôt que la forme ; cette lecture ache-vée, ils sauront ce que le pays veut et entend faire pour eux, ils comprendront où commence leur droit et où il finit, et ils ne demanderont pas à César ce qui appartient à César, ni à Dieu ce qui appartient à tous.

DEMANDE D'INDEMNITÉ

Papier timbré.

Modèle n° 1.

Monsieur le Préfet,

Le soussigné (*nom et prénoms*), propriétaire, demeurant à   , commune de   , canton de   , arrondissement de   , département de   , a l'honneur de vous exposer que, par suite du combat de   , sa propriété située à   , a subi les dégâts exposés ci-après :

(*Désigner clairement les dommages.*)

L'état des lieux ayant été légalement constaté, j'ai l'honneur, monsieur le Préfet, de vous prier, en vertu du décret du 12 septembre 1871, de vouloir bien me comprendre dans la liste des indemnités dressée par la commission départementale que vous présidez.

J'ai l'honneur, monsieur le Préfet, etc.

Papier timbré.

Modèle n° 2.

Le soussigné   , propriétaire à   ,
commune de   , canton de   ,
arrondissement de   , département de   ,
a l'honneur de vous exposer que, pendant la période du   1870 au   1870, ses biens, composés de (*désignation des lieux et leur superficie*) ont été dévastés ou pillés par l'armée allemande.

Les dégâts suivants ayant été légalement constatés par la commission cantonale, j'ai l'honneur de vous prier, en vertu du décret du 12 septembre 1871, de vouloir bien... (*comme au modèle n° 1*).

Papier timbré.

Modèle n° 3.

Monsieur le Préfet,

Le soussigné a l'honneur de vous exposer qu'en date du   , il a été contraint par la force à obtempérer aux réquisitions suivantes, qui lui ont été prescrites par l'armée   , commandée par   , réquisitions consistant en (*désigner la nature, le nombre des réquisitions*).

(Ici le requérant devra produire toutes les pièces pouvant servir à justifier sa demande ; à défaut de titres, il devra faire constater par témoins, ou par la commune dénommée, et ce devant le juge de paix, la justice de ses réclamations.)

En conséquence, il a l'honneur de vous prier, en vertu .. (pour le reste, voir le modèle n° 1).

Modèle n° 4.

(Conforme aux précédents, avec la désignation des contributions forcées payées par le pétitionnaire, avec les titres à l'appui.)

OBSERVATION

Chaque demande doit être adressée d'abord à la commission cantonale dans les mêmes termes que ci-dessus et portera pour suscription :

A Monsieur le Président de la Commission cantonale (INDEMNITÉ DE GUERRE).

AVIS IMPORTANT

Les pétitionnaires ne doivent négliger aucun renseignement propre à éclairer les commissions et à établir la justice de leurs réclamations.

Ces renseignements sont :

Les plans, et autant que possible, les photographies des immeubles détruits ou endommagés;

Les constatations légales ou privées appuyées par des officiers ministériels, des architectes, entrepreneurs, et autres témoins en nombre et notoirement connus;

Les mémoires payés ou dressés, lorsque les travaux de réparations ont été payés d'urgence.

Lorsqu'il s'agira de récoltes dévastées, on devra présenter des états sur preuves testimoniales.

Pour les réquisitions, on devra fournir les mêmes preuves et annexer les bons de réquisitions des commandants des corps ennemis ou français.

Pour les contributions, les preuves seront faciles à établir en réclamant des certificats aux maires et adjoints de la commune.

REMARQUE

La loi du 12 septembre 1871 ne saurait se prescrire, mais les intéressés devront se pourvoir le plus tôt possible, les sommes accordées étant loin de suffire à tous les désastres.

LOI

L'Assemblée nationale a adopté,

Le Président de la République française promulgue la loi dont la teneur suit :

Considérant que, dans la dernière guerre, la partie du territoire envahie par l'ennemi a supporté des charges et subi des dévastations sans nombre ; que les sentiments de nationalité qui sont dans le cœur de tous les Français imposent à l'État l'obligation de dédommager ceux qu'ont frappés dans la lutte commune ces pertes exceptionnelles,

L'Assemblée nationale, sans entendre déroger aux principes posés dans la loi du 10 juillet 1791 et le décret du 10 août 1853,

Décrète :

ART. 1er. — Un dédommagement sera accordé à tous ceux qui ont subi, pendant l'invasion, des contributions de guerre, des réquisitions soit en argent, soit en nature, des amendes et des dommages matériels.

ART. 2. — Ces contributions, réquisitions, amendes et dommages seront constatés et évalués par les commissions cantonales qui fonclionnent en ce moment sous la direction du ministre de l'intérieur.

Une commission départementale révisera le travail des commissions cantonales et fixera le chiffre définitif des pertes justifiées. Cette commission sera composée du préfet, président, de quatre conseillers généraux, désignés par le Conseil général et de quatre représectants des ministres de l'intérieur et des finances.

Art. 3. — Lorsque l'étendue des pertes aura été ainsi constatée, une loi fixera la somme que l'état du Trésor public permettra de consacrer à leur dédommagement et en déterminera la répartition.

Une somme de cent millions sera mise immédiatement à la disposition du ministre de l'intérieur et du ministre des finances et répartie entre les départements, au prorata des pertes qu'ils ont éprouvées, pour être distribuée par le préfet, assisté d'une commission nommée par le conseil général et prise dans son sein entre les victimes les plus nécessiteuses de la guerre et les communes les plus obérées. Cette première allocation fera partie de la somme totale attribuée à chaque département pour être répartie entre tous les ayants droit.

Art. 4. — Une somme de six millions de francs est également mise à la disposition des ministres des finances et de l'intérieur, pour être, sauf réglement ultérieur, répartie entre ceux qui ont le plus souffert des opérations d'attaque dirigées par l'armée française pour rentrer dans Paris.

Art. 5. — Indépendamment des dispositions

qui précèdent, les contributions en argent, perçues à titre d'impôts par les autorités allemandes, seront réglées ainsi qu'il suit :

§ 1er. Les communes qui ont versé des sommes à titre d'impôts seront remboursées de leurs avances par le Trésor.

§ 2. Les contribuables qui justifieront du versement de sommes au même titre, soit entre les mains des Allemands, soit aux autorités municipales françaises, seront admis à en appliquer le montant en déduction de leurs contributions de 1870 et 1871.

Ils seront tenus de produire dans le délai d'un mois leurs pièces justificatives.

§ 3. Le réglement ci-dessus spécifié comprendra : 1º le montant de l'impôt direct français; 2º le double de cet impôt, comme représentation des impôts indirects réclamés par les Prussiens. Tout ce qui, dans les versements, excédera l'impôt direct doublé, sera considéré comme simple contribution de guerre et régi par les principes posés dans les articles précédents.

Délibéré en séances publiques, à Versailles, les 3 juillet, 8 août et 6 septembre 1871.

Le président,
Signé : JULES GRÉVY

Les secrétaires,
Signé : PAUL BETHMONT, vicomte DE MEAUX, PAUL DE RÉMUSAT, baron DE BARANTE, marquis DE CASTELLANE, N. JOHNSTON.

Le Président de la République,
A. THIERS.

Le ministre de l'intérieur,
F. LAMBRECHT.

INDEMNITÉ DE GUERRE

ASSEMBLÉE NATIONALE

—

EXTRAIT

DU

JOURNAL OFFICIEL DU 1er JUIN 1871

Annexe n° 232.

(Séance du 16 mai 1871.)

PROPOSITION DE LOI portant allocation d'un secours provisoire à la ville de Châteaudun, aux communes de Varize et de Civry, présentée par MM. Amédée Lefèvre-Pontalis, Vingtain, Delacroix, de Gouvion-Saint-Cyr, de Pontoi-Pontcarré, Noël Parfait, membres de l'Assemblée nationale.

Messieurs, l'Assemblée nationale a été saisie, d'abord par M. Claude (de la Meurthe), puis par M. Lenoël, de deux projets de foi tendant à faire supporter par la nation tout entière la charge des désastres causés par la guerre. Sans préjuger votre solution sur ces propositions, fondées sur la solidarité entre citoyens d'un même pays, nous venons, en invoquant un autre principe, le devoir de la patrie envers les enfants qui se sont sacrifiés volontairement pour elle, vous demander un secours provisoire et immédiat pour la ville de Châteaudun et pour les communes voisines qui se sont fait une situation exceptionnelle par leur héroïsme et par leurs malheurs.

Pour justifier cette proposition, nous devons vous exposer les faits de guerre par lesquels la ville de Châteaudun s'est à jamais illustrée, la ruine qui s'en est suivie pour elle, l'impossibilité de la secourir autrement que sur les fonds de l'Etat, enfin l'urgence de porter remède à ses maux.

Nous ne voulons assurément point affaiblir votre intérêt pour les autres villes de France qui ont subi l'affront et les ravages de l'invasion. Nous savons ce qu'il leur a fallu déployer de courage pour résister, ou de patience pour souffrir. Mais la plupart d'entre elles ont été engagées, en quelque sorte malgré elles, dans les douleurs de la guerre, par les opérations de l'armée ou par le voisinage des batailles. Châteaudun, ville ouverte, a pris une part volontaire à la lutte, et a été victime de son patriotisme et de son courage. Tel est le titre qui lui donne un droit éminent à votre sympathie.

Déjà Varize et Civry, villages voisins, et dignes du même éloge, avaient donné l'exemple d'une résistance héroïque. Le 10 et le 14 octobre, les gardes nationaux de ces deux petites communes avaient arrêté et décimé les cavaliers prussiens. Le 15, une forte avant-garde allemande, munie d'artillerie, cerne Varize de toutes parts, coupe la retraite même aux femmes et aux enfants. Les vaillants gardes nationaux n'hésitent pas à lui tenir tête ; ils luttent et mettent cinquante hommes hors de combat. La vengeance des Prussiens ne connaît plus de bornes. Ils se rendent maîtres du village, le pillent, le saccagent, enlèvent le butin ; puis ils incendient une à une, à la main, avec du pétrole et du goudron, toutes les habitations. Soixante-treize maisons sur soixante-quinze sont entièrement détruites.

A Civry, même énergie, même résistance, même dévastation.

Ni ce terrifiant exemple, ni la certitude d'un sort pareil n'intimident Chateaudun. Ses habitants ne calculent point avec le danger , et ne délibèrent point avec l'honneur, 400 gardes nationaux, appuyés par 800 francs-tireurs qu'ils abritent dans leurs murs, rivalisent de courage et d'audace. Des barricades s'élèvent de tous côtés, et le 18 octobre, quand un corps de 10 à 12,000 Prussiens, pourvu d'une nombreuse artillerie, se présente aux portes de la ville, il ne vient à la pensée de personne de capituler. Depuis une heure de l'après-midi jusqu'à sept heures du soir, trente canons lancent sur les édifices et sur les maisons de la ville une pluie de feu, d'obus et de mitraille, pendant qu'à chaque barricade une fusillade meurtrière continue à rendre impuissantes les attaques de l'ennemi. Mais les Français n'ont perdu que 30 tués et 40 blesseés, tandis qu'ils ont fait subir à l'ennemi une perte de plus de 2,000 hommes. Enfin, à sept heures du soir, une colonne d'infanterie allemande pénètre sur la place, où elle est encore accueillie par un effort désespéré. La force l'a emporté, et la résistance anéantie.

C'est alors que se passent les scènes d'horreur dont l'histoire conservera l'impérissable souvenir. La soldatesque se rue dans les maisons, les pille, maltraite les habitants, emmène prisonniers une centaine d'entre eux, destinés à être envoyés comme ôtages en Allemagne ; tandis que les incendiaires, apportant des tonneaux de pétrole dont ils inondent les murailles, mettent le feu, de sang-froid, à 235 maisons, le tiers de la ville, qu'ils transforment en un immense amas de décombres. Douze personnes sont brûlées vives ou asphyxiées.

Il ne s'élèvera pas une voix en France pour regretter cette résistance comme inutile ou cet héroïsme comme mal calculé. C'est par des traditions pareilles que le caratère français a été formé ; c'est par de pareilles leçons qu'il se relèvera à sa hauteur première. Châteaudun s'est immolé pour l'honneur de la France. Sa vaillance sera célébrée tant que le mépris de la mort et de la ruine, le sacrifice du citoyen à la patrie, seront comptés au nombre des plus belles vertus de l'humanité.

Le Gouvernement de la défense nationale l'a compris. Dès le 20 octobre, il déclarait par décret que la ville de Châteaudun a bien mérité de la patrie.

Paris lui-même, subissant volontairement (et c'est là son grand mérite) un siége qui sera notre honneur dans l'histoire, Paris a envoyé à la petite cité qui, volontairement aussi, s'était sacrifiée à la France, une marque de son admiration.

Nous ne présumons certainement pas trop de l'Assemblée nationnale, en lui demandant de joindre, au nom de la France, son témoignage de sympathie à de tels hommages.

Voici maintenant le résumé du désastre :

Varize, comme nous l'avons dit, comptait 75 habitations. Il ne reste debout, aujourd'hui, que deux maisons et l'église, atteintes en partie par les flammes. Le village entier est détruit de fond en comble ; la population est réduite à la dernière misère. La perte totale, en immeubles et en mobilier, est évaluée par des documents authentiques à 458,000 fr.

Civry a subi le même sort ; la perte s'élève à 250,000 fr.

A Châteaudun, 235 maisons sont entièrement détruites par l'incendie avec tout ce qu'elles contenaient ; 28 autres le sont en partie. Elles représentent, comme surface, le tiers de la ville ; comme valeur, plus de la moitié.

Rien ne peut donner l'idée d'une pareille désolation, si l'on n'en a pas eu sous les yeux le lamentable spectacle. Il ne s'agit pas, comme en d'autres villes, de maisons atteintes par les obus, de toits défoncés, de brèches ouvertes ; c'est un anéantissement complet, comme si les demeures des hommes avaient été secouées jusque dans leurs fondements par un de ces grands cataclysmes que l'histoire enregistre avec effroi. Les murs noircis sont restés seuls debout; des monceaux de décombres s'élèvent jusqu'à la hauteur des fenêtres; un sentier étroit, tracé pour les piétons au milieu de cet amas, indique tout ce qu'il reste des rues.

La perte de Châteaudun est évaluée, par une enquête officielle, au chiffre de 4 millions.

A de pareils désastres, on le comprend sans peine, l'Etat peut seul apporter un remède efficace. Le Trésor ne s'amusera pas à réparer de telles ruines. Nulle part, hélas ! il n'en trouverait de semblables.

La charité privée a été admirable ; elle s'est émue au récit des malheurs de Châteaudun. Mais tout ce qu'elle a pu faire, c'est d'envoyer à la ville incendiée une centaine de mille francs, ce qu'il fallait pour nourrir pendant quelques mois les habitants ruinés.

Devant la grandeur de la catastrophe, elle est obligée de reconnaître elle-même son impuissance. De généreuses sociétés de secours, qui ont recueilli des souscriptions pour les victimes de la guerre, nous témoignent maintenant le désir de les réserver aux villages, et d'excepter Châteaudun, que la fortune publique peut seule indemniser.

L'Etat n'a accordé jusqu'à ce jour à la population de Châteaudun, qu'un secours de 100,000 fr., par le décret du 20 octobre. Encore faut-il remarquer que le jeu des rouages administratifs n'a permis jusqu'à présent qu'à une partie de cette somme d'atteindre sa destination.

D'ailleurs, on appréciera facilement l'insuffisance de ce chiffre en face d'une telle destruction.

Qu'un mot nous soit encore permis pour justifier l'urgence de la mesure sollicitée.

Il s'agit ici d'une ville et de deux villages à relever de leurs ruines. Les habitants sont sans toit et sans abri. La saison de bâtir est arrivée; si elle s'écoule sans que les secours arrivent, la reconstruction est retardée d'un an, et la misère s'augmentera dans des proportions incalculables.

Un exemple historique nous fait espérer que notre demande sera accueillie avec quelque faveur par l'Assemblée nationale.

Ce n'est pas la première fois que la ville de Châteaudun est la proie des flammes. Sa vieille devise, *extincta revivisco*, qui peut, grâce à vous, rester une vérité, prouve qu'elle a déjà eu la triste occasion de renaître de ses cendres. Après l'incendie de 1723, qui n'était dû cependant qu'à un simple accident, le roi Louis XV fit rebâtir, aux frais du Trésor public, toutes les façades de la ville; il accorda aux victimes un subside de 900,000 livres, et déchargea tous les habitants de Châteaudun de toute imposition pendant dix ans.

L'Assemblée nationale ferait-elle moins pour réparer un tel désastre virilement prévu et bravé, par fidélité à la cause de la France? Pour qui aurait-elle des secours, si ce n'est pour les plus courageux des Français? La patrie voudra rele-

ver de ses mains reconnaissantes les ruines faites
pour la patrie ; elle tiendra à honneur de transformer Châteaudun reconstruit en un monument
national.

PROJET DE LOI.

Art. 1er. — En attendant qu'il soit statué sur le
règlement définitif des indemnités pour désastres
de guerre, un secours provisoire d'un million de
francs est accordé à la ville de Châteaudun, aux
communes de Varize et de Civry, pour être réparti entre elles proportionnellement aux dommages qu'elles ont souffert.

Art. 2. — A cet effet, un crédit d'un million de
francs est ouvert à M. le ministre de l'intérieur
sur les ressources extraordinaires de l'exercice
1871.

SÉANCE DU 23 JUIN 1871.

M. LE PRÉSIDENT. — L'ordre du jour appelle la
première délibération sur la proposition de MM.
Claude (de la Meurthe), Laflize, Berlet, Ancelon
et Viose, tendant à faire supporter par toute la
nation française les contributions de guerre, réquisitions et dommages-intérêts de toute nature
causés par l'invasion.

M. LE RAPPORTEUR a la parole.

M. ALBERT GRÉVY. — Messieurs, je viens, au

nom de la commission ·et d'accord avec le gouvernement, prier l'Assemblée de vouloir bien remettre à huitaine la discussion de cette grave question.

Ce délai est indispensable pour achever de recueillir les renseignements qui lui paraissent utiles à la discussion. (Très bien !)

M. LE PRÉSIDENT. — Il n'y a pas d'opposition? (Non, non !) Le projet sera mis à l'ordre du jour, comme le demande la commission, à la huitaine.

REMARQUE.

Jamais proposition n'eut moins de chance. Depuis un mois probablement elle est déposée. Dans deux mois et demi (nous sommes au 23 juin) il n'y aura encore rien de résolu. Toujours une de ces questions dites d'actualité viendra empêcher qu'on ne reprenne la discussion du projet Claude (de la Meurthe).

Cependant il faut remarquer que ce qu'on demande est une loi qui permette aux cultivateurs de repeupler leurs étables, de relever les murs de leurs fermes et de regarnir le hangar des instruments aratoires indispensables, toutes choses que les Prussiens ont mangées, démolies, brûlées ou volées.

Les bonnes intentions ne manquent pourtant pas dans notre Assemblée nationale.

SÉANCE DU 3 JUILLET 1871.

M. LE PRÉSIDENT. — L'ordre du jour appelle la première délibération sur la proposition de M. Claude (de la Meurthe) et plusieurs de ses collègues, tendant à faire supporter par toute la nation française les contributions de guerre, réquisitions et dommages matériels de toute nature causés par l'invasion.

M. LAMBRECHT, ministre de l'intérieur. —Messieurs, l'ordre du jour appelle la première délibération sur la proposition tendant à faire supporter par toute la France les dommages causés par la guerre.

Le gouvernement ne fait pas d'opposition à ce que l'Assemblée passe à la deuxième délibération ; seulement, il croit convenable de déclarer qu'il ne compte pas discuter aujourd'hui la très grave question que soulève la proposition.

Vous savez, Messieurs, qu'il ne s'agit de rien moins, dans cette proposition, que de prendre des engagements pour une somme probablement très considérable. Je dis « probablement, » parce que nous n'avons pas encore de chiffre que nous puissions vous fournir avec quelque exactitude.

Il y a ici, d'ailleurs, des questions de principe et des questions de fait sur lesquelles, je le répète, le gouvernement ne compte pas engager, dès aujourd'hui, une discussion qu'il réserve pour la seconde délibération. (Très bien ! très bien !)

M. LE PRÉSIDENT. — Je consulte l'Assemblée sur la question de savoir si elle entend passer à la seconde délibération dans les délais réglementaires.

(L'Assemblée est consultée et décide qu'elle passera à la seconde délibération.)

SÉANCE DU 4 JUILLET 1869.

L'ordre du jour appelle la discussion sur la prise en considération de la proposition de M. Amédée Lefèvre-Pontalis et plusieurs de ses collègues, tendant à l'allocation d'un secours provisoire à la ville de Châteaudun, aux communes de Varize et de Civry.

La commission d'initiative parlementaire conclut à la prise en considération et au renvoi de cette proposition à la commission chargée d'examiner la proposition de M. Claude (Meurthe), concernant la réparation des dommages causés par la guerre.

Je consulte l'Assemblée sur ces conclusions.

(Les conclusions de la commission sont mises aux voix et adoptées.)

JOURNAL OFFICIEL DU 5 JUILLET

Annexe n⁰ 342.

(Séance du 22 juin 1871.)

RAPPORT SOMMAIRE fait au nom de la 3° commission d'initiative parlementaire, sur la proposition de MM. Amédée Lefèvre-Pontalis, Vingtain et plusieurs de leurs collègues, tendant à l'allocation d'un secours provisoire à la ville de Châteaudun, aux communes de Varize et de Civry, par M. Emile Leroux, membre de l'Assemblée.

Messieurs, les désastres occasionnés par la malheureuse guerre que la France a eu à subir ont appelé sur les victimes de ces désastres la bienveillante attention de l'Assemblée nationale. Par suite de la proposition de M. Claude (de la Meurthe), et de plusieurs autres de nos collègues, une commission spéciale a été nommée pour examiner si les pertes de différentes natures, causées par cette guerre, ne devaient pas être à la charge de la nation entière.

La commission a pensé que la guerre, dont la responsabilité morale pesait sur le gouvernement déchu, était un fait national et que c'était toute la nation qui devait en supporter les tristes conséquences. Proclamant le principe d'unité et de solidarité qui relie toutes les parties du territoire français, elle a proposé, par un premier rapport, un projet de loi qui met à la charge de la nation entière la contribution de guerre soit en argent, soit en nature, les amendes et les dommages matériels directs que la guerre et l'invasion ont fait subir aux habitants, aux communes et aux départements. Elle a dit de plus qu'une loi postérieure, rendue sur un second rapport de la commission, fixerait le montant des indemnités à payer par l'Etat, ainsi que la répartition aux ayants droit et le mode de payement.

La commission des départemenls envahis et M. le ministre de l'intérieur ont déjà procédé à une double enquête pour connaître les diverses natures de pertes subies et le chiffre approximatif de ces pertes.

Si toutes les victimes ont également droit à une équitable réparation, il en est cependant qui, par leur position et la nature du dommage, peuvent prétendre à des allocations provisoires à titre de secours.

De ce nombre MM. Amédée Lefèvre-Pontalis et autres collègues, représentant le département d'Eure-et-Loir, ont cru qu'on devait placer en première ligne la ville de Châteaudun et les villages de Varize et Civry, voisins de la ville, et qui ont partagé son malheureux sort. Ils ont fait une proposition tendant à ce qu'avant qu'il fût statué sur le règlement définitif. des indemnités pour désastres de guerre, un secours provisoire d'un million de francs fût accordé à la ville de Châteaudun, aux communes de Varize et de Civry, pour être réparti entre elles proportionnellement aux dommages qu'elles ont soufferts

Votre troisième commission d'initiative a examiné cette proposition avec l'intérêt qu'elle devait inspirer; elle a reconnu que la ville de Châteaudun, par le courage et l'héroïsme de ses habitants, par le bel exemple qu'elle avait donné au pays, par l'étendue de ses malheurs et de ses pertes, était digne, ainsi que les villages de Varize et de Civry, d'être placés dans une position exceptionnelle et d'obtenir un secours provisoire.

Mais cette ville n'est pas la seule qui soit dans cette position; il y en a d'autres qui ont eu à subir des désastres par suite de leur résistance. De ce nombre on peut citer les villes de Péronne, de La Fère, qui ont été bombardées ou incendiées.

Dans la lutte, il y a eu des pays qui ont été détruits entièrement par l'incendie et dont les habitants ont été immolés à la vengeance de l'ennemi, n'ont-ils pas aussi droit à des secours provisoires ?

Les cultivateurs qui ont vu piller leurs fermes, détruire leurs récoltes, enlever tous leurs bestiaux, ne doivent-ils pas aussi appeler la sollicitude du législateur ?

Si ces cultivateurs n'ont plus de bestiaux pour cultiver leurs terres, plus de grains pour les ensemencer; si ces terres restent incultes, la population entière n'en souffrira-t-elle pas?

Ces sujets, Messieurs, sont bien dignes de vos méditations et votre commission d'initiative, partageant la pensée de votre commission spéciale, est d'avis que ce sera le cas, en posant le principe

de la répartition des pertes, de faire, à compte
sur l'indemnité future, une allocation provisoire,
à titre de secours, qui sera distribuée entre les
plus malheureux.

La commission spéciale, par un second rapport
supplémentaire au premier, pourra proposer à
l'Assemblée la fixation de ce secours, applicable :
1° à la ville de Châteaudun, aux villages de Va-
rise et de Civry, ainsi qu'aux villes et villages
qui se trouveraient dans la même position ; 2° aux
cultivateurs dont les récoltes ont été ravagées et
les bestiaux enlevés, afin de leur permettre de
reprendre leur culture et d'ensemencer leurs
terres.

Dans ces circonstances votre troisième commission d'initiative a l'honneur de vous proposer :

1° De prendre en considération la proposition
de MM. Lefebvre-Pontalis, Vingtain, Delacroix,
de Gouvion Saint-Cyr, de Pontoi-Pontcarré et
Noël Parfait ;

2° De renvoyer cette proposition à la commission déjà nommée pour examiner celle de
M. Claude et autres collègues, relativement à la
réparation des dommages occasionnés par la
guerre.

—

SÉANCE DU 27 JUILLET 1871

M. le Président. — L'ordre du jour appelle
la deuxième délibération sur la proposition de
M. Claude (Meurthe) et plusieurs de ses collègues,

tendant à faire supporter par toute la nation française les contributions de guerre, réquisitions et dommages causés par l'invasion.

« Art. 1ᵉʳ (rédaction de la commission). — Les contributions de guerre, les réquisitions, soit en argent, soit en nature, les amendes et les dommages matériels directs que la guerre et l'invasion ont fait subir aux habitants, aux communes et aux départements d'une partie du territoire français, seront supportés par toute la nation. »

M. Thiers, chef du pouvoir exécutif. — Je demande la parole.

M. le Président. — La parole est à M. le chef du pouvoir exécutif.

M. Thiers, chef du pouvoir exécutif. — Messieurs, je viens, d'accord avec le président et le secrétaire de la commission, vous prier de remettre à demain en huit la discussion qui allait s'engager aujourd'hui.

Je n'ai été averti que ce matin de la fixation de l'ordre du jour. Il est impossible, dans une question si grave, de pouvoir, sans avoir recueilli tous les documents, vous donner tous les éclaircissements nécessaires, pour vous mettre à même d'émettre un vote vrai et juste.

J'espère d'ailleurs que, dans l'intervalle qui va s'écouler, nous pourrons arriver à un rapprochement avec la commission, et vous apporter une transaction qui satisfera les intérêts de ceux qui, je le reconnais, ont souffert, mais aussi les intérêts de l'État, qui a, lui aussi, beaucoup souffert et qui mérite de grands ménagements. (Trèsbien ! très-bien !)

Si donc vous voulez nous accorder cette remise nous pourrons soutenir plus utilement la discussion et la rendre plus lumineuse; peut-être même, si nous sommes parvenus à nous mettre d'accord, n'aurons-nous pas besoin de discussion, sauf celle qui sera nécessaire pour que l'accord qui sera intervenu ait la sanction de votre volonté souveraine. (Très bien! très bien!)

M. Albert Grévy, rapporteur. — Messieurs, la commission dont j'ai l'honneur d'être le rapporteur, pensait que M. le chef du pouvoir exécutif, en demandant l'ajournement, demandait purement et simplement l'ajournement de la discussion...

M. le Chef du pouvoir exécutif. — Oui! oui!

M. le Rapporteur... mais qu'il consentait à ce que la seconde délibération réglementaire eût lieu aujourd'hui.

M. le Chef du pouvoir exécutif. — C'est ainsi que je l'entends.

M. le Rapporteur. — Alors je n'ai plus aucune observation à faire.

M. de Ventavon. — Messieurs, le projet de loi sur lequel vous avez à délibérer est un des plus graves qui vous aient été jusqu'à présent apporté, car il ne s'agit de rien moins que de grever le budget de l'État d'un milliard. (Exclamations. — Non! non!)

M. Émile Leroux. — Vous exagérez de plus de moitié! Vous ne connaissez pas les chiffres. (Bruit prolongé.)

M. de Ventavon. — Je disais, Messieurs, qu'il s'agissait de grever le Trésor d'une somme très considérable, s'élevant, suivant l'appréciation des uns, à un milliard, suivant celle des autres, à trois milliards. (Bruyantes réclamations.)

M. DE TILLANCOURT. — Cinq cents millions.

M. ANTONIN LEFEBVRE-PONTALIS. — Mettez six cents millions, et nous serons satisfaits.

M. LE RAPPORTEUR. — M. de Ventavon, qui connaît les chiffres officiels, ne devrait pas les exagérer ainsi avant la discussion. (Très-bien! très bien!)

M. DE VENTAVON. — Permettez-moi de vous dire que les chiffres que j'indique n'ont d'autre but que de faire comprendre l'importance de la discussion.

On m'interrompt en disant : « Il ne s'agit que de cinq cents millions! » Cinq cents millions ne sont-ils rien pour nous, dans la position désastreuse de nos affaires. (Interruptions diverses.)

M. AMÉDÉE LEFEBVRE-PONTALIS. — Et nous qui supportons tout cela.

M. MAGNIER. — Vous dites que l'État est dans une situation précaire ; nos départements envahis sont-ils plus heureux? Et les dommages de l'invasion seront-ils moins lourds s'ils sont supportés par eux seuls que par la France entière?

M. DE VENTAVON. — D'un autre côté, M. le rapporteur de la commission m'interpelle et me dit que je dois savoir que les chiffres officiels ne s'élèvent pas à un milliard ; c'est vrai ; mais ils s'en rapprochent beaucoup et peuvent être contestés. Quant au document dans lequel j'ai puisé l'indication de trois milliards, j'aurai l'honneur de le faire connaître à l'Assemblée quand viendra la discussion. (Interruptions.)

' Quoi qu'il en soit, le projet de loi est extrêmement grave : tout le monde le comprend. Faut-il nous affranchir de notre réglement ? Il me semble que c'est le cas ou jamais de nous y conformer, à cause de la gravité de la question. Or le réglement veut qu'il y ait trois lectures, précédées; s'il y a lieu, de trois délibérations. La première lecture n'a pas eu lieu...

Plusieurs voix. — Comment ! Mais si !

M. DE VENTAVON. — La première lecture n'a pas eu lieu après discussion, vous en êtes tous témoins.

Un membre. — C'est que personne n'a demandé la parole.

M. DE TILLANCOURT. — Vous n'avez qu'à parler actuellement si vous voulez qu'il y ait discussion pour la seconde lecture.

Le jour est venu, mais M. le chef du pouvoir exécutif nous apprend qu'il n'a pas tous les éléments nécessaires pour que le gouvernement puisse prendre part à la discussion, et il demande que les débats de la seconde lecture soient renvoyés à huitaine. (Non ! non !)

Une voix. — Au contraire !

M. DE VENTAVON. — Je sais parfaitement ce que je dis.

M. le chef du pouvoir exécutif, devant lequel j'ai l'honneur de parler, a dit qu'il demandait le renvoi de la discussion sur la seconde lecture à huitaine. Je suis prêt à combattre aujourd'hui la loi qui nous est proposée, au moins dans une certaine mesure, car j'ai la prétention d'être aussi dévoué aux vrais intérêts des départements envahis que les auteurs- même de la proposition. (Oh ! oh !)

Mais je m'incline, avec mon collègue, M. Michel, qui s'est fait inscrire pour parler contre le projet de loi, devant le désir manifesté par le chef de l'État. Le renvoi à huitaine n'est donc contesté par personne ; mais M. le rapporteur vient d'annoncer à cette tribune que, dans huit jours, nous passerions à la troisième lecture. (Interruptions en sens divers.)

Nous allons, a-t-il dit, voter la loi pour la seconde fois, et vous la discuterez à la troisième lecture.

Je ne puis admettre cette proposition de M. le rapporteur, et je viens, s'il en est besoin, appuyer le renvoi que vous a demandé M. le chef du pouvoir exécutif, de la discussion tout entière à huitaine, parce qu'il faut que cette loi soit bien connue, bien comprise dans toutes ses conséquences, et qu'il s'écoule, entre la discussion et le vote définitif, l'intervalle de temps nécessaire pour que vous interrogiez votre conscience. (Très-bien !) C'est une matière exceptionnelle, et vous êtes appelés à émettre un vote qui peut engager dans une large mesure les finances du pays. Il faut donc que la discussion soit complète...

M. Buffet. — L'honneur du pays est engagé !

M. de Ventavon. — ... et quand le règlement veut une première, une deuxième, une troisième lecture, c'est déjà trop d'avoir supprimé la discussion à la première lecture. (Assentiment sur quelques bancs.)

Un membre. — Discutons aujourd'hui !

M. DE VENTAVON. — Il nous est donc impossible, à nous qui voulons combattre la loi, d'adhérer à la proposition qui nous est faite par M. le rapporteur, de la voter purement et simplement pour la seconde fois, sauf à la discuter quand viendra la dernière délibération. (Mouvements divers.)

M. LE COMTE JAUBERT. — Messieurs, les attermoiements perpétuels des questions importantes ne sont pas du tout de mon goût. Je les crois contraires à la dignité de l'Assemblée et à l'influence qu'elle doit exercer sur l'opinion publique. Que l'on ajourne à une délibération ultérieure les détails, les chiffres, la transaction même dont il a été parlé tout à l'heure, je le conçois ; mais dès à présent il y a lieu, pour chacun de nous, de faire au moins une déclaration de principes.

Il me semble que cela n'est pas douteux... (C'est vrai ! — Très bien ! très bien !), et je demande, pour mon compte à la faire. (Parlez ! parlez !)

M. THIERS, chef du pouvoir exécutif. — Permettez ! je demande à faire une observation.

M. LE COMTE JAUBERT. — Volontiers.

M. LE PRÉSIDENT. — Si la discussion doit s'engager...

M. LE COMTE JOUBERT. — Elle est engagée sur l'article 1er.

M. LE PPÉSIDENT. — Je vous demande pardon : il s'agit, en ce moment-ci, d'une question d'ajournement ; quand la discussion s'engagera sur l'article 1ᵉʳ, je donnerai la parole, d'abord, aux orateurs inscrits.

M. LE COMTE JAUBERT. — Vous avez lu l'article 1ᵉʳ.

, M. LE PRÉSIDENT. — Certainement; mais c'est sur la lecture de cet article qu'on a demandé l'ajournement, et je répète que si la discussion doit s'engager sur l'article 1ᵉʳ, je donnerai la parole aux orateurs inscrits.

M. le chef du pouvoir exécutif a la parole.

M. LE CHEF DU POUVOIR EXÉCUTIF.—Je voudrais Messieurs, poüvoir satisfaire immédiatement l'impatience de l'Assemblée ; mais j'ai été averti ce matin seulement. L'Assemblée comprend que mon temps est fort absorbé et qu'il m'en reste bien peu de disponible.

Cependant, malgré les affaires urgentes dont je suis, je l'ose dire, accablé, j'aurais, si j'avais eu seulement quarante-huit heures, réuni tous les documents pour pouvoir vous éclairer complétement ; je ne les ai pas eus. Si on engage la discussion dans ce moment-ci, le gouvernement ne pourra y prendre aucune part, et vous ne voulez pas, apparemment, que sur un intérêt dans lequel le Trésor de l'État est si grandement engagé, le gouvernement soit réduit à garder le silence ou à ne vous parler que sur des documents incomplets. (C'est évident !)

Quelques membres. — A lundi !

M. LE CHEF DU POUVOIR EXÉCUTIF. —Je demande à l'Assemblée de persister dans la résolution à laquelle elle a semblé adhérer tout à l'heure, et

qui ne consiste pas, dans mon intention — je prie
bien qu'on le croie — à supprimer un des degrés
de cette instruction en ne s'arrêtant pas à la
seconde lecture pour arriver de suite à la troisième. On a raison de dire qu'il ne faut pas supprimer un seul des degrés de l'instruction.

Ce que je vous propose, Messieurs, c'est de
reporter à vendredi en huit la seconde lecture.
(Oui! oui! — Appuyé!) Il restera la troisième
pour ceux qui auraient encore quelque chose à
dire. (Marques générales d'adhésion.)

M. LE RAPPORTEUR. — Nous sommes on ne peut
plus disposés à nous incliner devant le désir de
M. le chef du pouvoir exécutif; mais j'avais cru
comprendre que son désir était que la seconde délibération eût lieu réglementairement aujourd'hui;
la discussion ne serait pas suppimée pour cela,
mais elle se produirait seulement à la troisième
lecture.

L'Assemblée fera ce qu'elle voudra; nous res-
pecterons sa décision; mais il m'est impossible
de ne pas faire remarquer que la proposition si
importante et si urgente qui lui est soumise remonte au 6 mars, que nous sommes à la fin de
juillet, et que nous touchons peut-être à une
prorogation. (Mouvements divers.)

M. LAMBRECHT, ministre de l'intérieur. — Ce
sera fait auparavant !

M. DE TILLANCOURT. — Est-ce qu'on ne pourrait pas avancer le jour de la délibération? Il n'y
aurait aucun inconvénient à le remettre à mardi.

M. LE PRÉSIDENT. — M. le chef du pouvoir exécutif demande que la seconde délibération soit ajournée à vendredi en huit.

Je mets aux voix l'ajournement proposé.

—

SÉANCE DU 4 AOUT

M. LE PRÉSIDENT. — L'ordre du jour appelle la seconde délibération sur la proposition de MM. Claude (de la Meurthe), Laflize et plusieurs de leurs collégues, tendant à faire supporter par toute la nation française « les contributions de guerre, rétributions, réquisitions et dommages matériels de toute nature causés par l'invasion. »

La parole est à M. le rapporteur.

M. ALBERT GRÉVY, rapporteur. — Messieurs, en venant le premier prendre la parole dans cette discussion, le rapporteur de votre commission se conforme aux désirs exprimés par M. le chef du pouvoir exécutif. L'accord entre le gouvernement et la commission que M. le président du conseil vous faisait pressentir la semaine dernière, nous paraît aujourd'hui, au moins sur les points principaux, un fait à peu près accompli. (Très bien!)

Cependant, Messieurs, M. le président du conseil a désiré que, dans une affaire aussi grave, la commission vînt d'abord exposer devant l'Assemblée son projet, l'expliquer, le justifier, — se proposant de venir ensuite lui-même dire les points sur lesquels nous sommes absolument d'accord et ceux sur lesquels il croirait devoir faire quelques réserves. Nous espérons, et très sincèrement, qu'après l'exposé auquel on nous convie, l'adhésion du gouvernement sera complète, et que nous ne serons plus alors qu'en face de ceux de nos honorables collègues qui, jeudi dernier, ont manifesté l'intention de combattre le projet ; — ou plutôt, qu'eux-mêmes aussi me permettent d'espérer que les explications que je vais donner dissiperont l'erreur de fait, l'erreur de chiffres, qui m'a paru être la cause principale de leurs préoccupations et de leur opposition ; — et que dans une question si éminemment nationale, cette grande Assemblée, qui représente la France, voudra rester unie, comme la France elle-même fut unie pendant la guerre. (Très bien! très bien ! — Applaudissements.)

Messieurs, le projet de la commission et la proposition déposée par M. Claude et ses amis soulèvent une double question, — l'une de principe, l'autre de fait, d'application, de possibilité financière.

Les pertes exceptionnelles causées par la guerre dans les départements envahis, doivent-elles rester à la charge, et à la charge exclusive de ceux qui les ont subies ? ou bien, au contraire, ces pertes n'ont-elles point un caractère national, et dès lors la responsabilité de l'Etat n'est-elle point engagée ? Telle est la question de principe ; son importance, à tous les points de vue, ne saurait échapper à personne, — et je dois ajouter immédiatement, qu'au milieu de leurs souffrances et de leurs misères, par une pensée de patriotique prévoyance qui domine toutes les considérations personnelles, c'est surtout et avant tout la consécration de ce principe que sollicitent de vous les populations des départements envahis, le considérant comme un principe essentiel de solidarité nationale. (Marques nombreuses d'assentiment.)

Jusqu'à ces derniers temps, l'invocation de ce principe n'avait rencontré qu'un accueil favorable, et la mesure réparatrice que nos compatriotes sollicitent nous avait paru généralement acceptée. Ainsi, la commission dont j'ai l'honneur d'être l'organe en ce moment, a pris toutes ses résolutions je pourrais presque dire à l'unanimité. Ces résolutions ont reçu l'approbation, non-seulement de cette grande commission de quarante-cinq membres chargée par vous, dès le mois de mars, de rechercher et de vous faire connaître l'état des départements envahis, mais encore de trois autres de vos commissions, notamment de celle qui a été chargée d'examiner la question relative aux gardes nationales mobilisées.

Le gouvernement lui-même, ou du moins les ministres les plus autorisés, les plus intéressés dans la question, M. le ministre des finances et M. le ministre de l'intérieur, n'ont point hésité, dès le début, à reconnaître la nécessité d'une réparation et même la légitimité du principe sur lequel repose le projet de la commission.

J'ai là leurs circulaires et notamment celles de M. le ministre de l'intérieur, qui a pris dès le mois de mars l'initiative d'une grande enquête dont le but était de faire constater toutes les pertes subies par les départements envahis, — et assurément le texte de ces circulaires était bien de nature à faire croire à nos populations qu'une indemnité leur serait accordée. (Très bien! très bien!)

Enfin, Messieurs, tous les orateurs qui, jusque dans ces derniers temps, avaient eu l'occasion de faire connaître par avance leur opinion sur cette question, tous, sans exception, sont venus à cette tribune affirmer le principe que nous affirmons nous-même et dont nous prions l'Assemblée de décréter l'application.

Veuillez, Messieurs, vous rappeler notamment cette discussion qui fut longue et retentissante, de la loi sur les loyers de la ville de Paris. Assurément, le principe engagé dans cette discussion n'était pas celui d'aujourd'hui; le dommage relatif aux locations devenues plus ou moins improductives par le fait de la guerre, soit aux regards du propriétaire, soit aux· regards du locataire, ce dommage constitue ce que nous appelons un dommage indirect. Or, messieurs, par notre projet nous ne demandons la réparation que des dommages directs, matériels, qui sont la conséquence immédiate et en quelque sorte tangible de la guerre.

Lors de cette discussion, les orateurs, en parlant des dommages indirects, ont été naturellement amenés à parler des dommages directs, et spécialement des dommages causés par la guerre dans les départements envahis. Comment se sont-ils expliqués, tous, sans exception?

La discussion a été ouverte par l'honorable
M. Casimir-Périer. Qu'il me permette d'invoquer à
l'appui de la thèse que je viens développer l'autorité si légitime que j'attache à ses paroles. Les
voici textuellement :

« J'admets aussi, et je fais plus, je soutiens que
pour ce qui est des contributions de guerre, des
réquisitions de guerre en argent imposées par
l'ennemi aux départements envahis, il est impossible qu'on en fasse des charges particulières
spéciales aux départements qui les ont subies,
indépendamment de toutes les misères qu'ils ont
supportées. »

Et plus loin : « Je maintiens que ce sont là des
faits généraux et qu'il est impossible que la répartition de ces charges ne se fasse pas sur tout le
territoire. » (Marques d'assentiment.)

Du reste cette pensée ne m'appartient pas à
moi seul. Elle est déposée dans une proposition
qui vous est soumise.

C'est, Messieurs, la proposition de M. Claude,
que je défends en ce moment, et à laquelle, par
avance, M. Casimir-Périer donnait aussi son approbation.

M. Emile Lenoël, qui vint ensuite, tout en
combattant le projet de loi sur les loyers de la
ville de Paris, proclama le principe de la responsabilité de l'Etat pour les frais de guerre ; et, à
cette occasion, il rappela la loi de 1792, qu'il re-
prit à titre de proposition, oubliant que nous
étions déjà saisis de la proposition de M. Claude
(de la Meurthe).

Et l'honorable rapporteur de la commission,

le judicieux M. Léon Say, quelle fut son attitude et quelles furent ses paroles ?

M. Léon Say, à ce point de la discussion, c'est-à-dire au début, n'admettait pas, comme M. Casimir-Périer, l'intervention financière de l'Etat dans la question des loyers de la ville de Paris ; et pourquoi n'admettait-il pas cette intervention de l'Etat ? Parce que, disait-il, il s'agit ici de dommages indirects ? Et il ajoute immédiatement : Oh! s'il s'agissait de dommages directs, des dommages subis par les départements envahis, le doute ne serait pas possible, la responsabilité de l'Etat serait évidente. Voici, Messieurs, ses paroles :

« Pourquoi ne sommes-nous pas allés aussi loin que M. Casimir-Périer ? Parce que nous avons craint précisément d'engager dans une question spéciale ce principe général que, pour ma part, je trouve aussi sacré que l'a trouvé M. Lenoël, c'est-à-dire la responsabilité générale de l'Etat relativement aux dommages directs qui ont été infligés aux départements envahis par suite de la guerre. »

Et plus loin :

« Ainsi, je l'avoue, je ne comprendrais guère pour ma part que la contribution de guerre de 200 millions de francs qui a été imposée à la ville de Paris, ne rentrât pas dans la contribution générale de guerre de la France ; alors la ville de Paris déchargée de ces 200 millions...

« M. PARIS. — Comme toutes les autres villes qui ont été frappées de contributions de même nature !

« M. le Rapporteur. — Oui, nous sommes tous d'accord là-dessus avec M. Paris. »

Ainsi, tout le monde était d'accord pour reconnaître et pour proclamer que les contributions de guerre, les dommages matériels directs, subis par les départements envahis, ne pouvaient pas rester à leur charge, et que la responsabilité de l'Etat était directement engagée. (Très bien !)

J'ai voulu, Messieurs, dès mes premières paroles, rappeler cet accord et le constater pour l'opposer aux dissidences qui se sont manifestées jeudi dernier et dont l'honorable M. de Ventavon s'est fait l'organe. Assurément, je ne ferais pas à nos honorables collègues l'injure de supposer que, appartenant à des provinces épargnées par la guerre, n'ayant ressenti dans leurs régions lointaines, ni les souffrances morales et physiques ni les ruines matérielles qui ont accablé nos malheureux départements, ils sont moins que nous sensibles à ces ruines et à ces souffrances. Et, cependant, il nous sera permis de supposer que, s'ils avaient vu la guerre de plus près, peut-être comprendraient-ils mieux l'indispensable nécessité d'en réparer les désastres. (Très bien ! très bien!) — Vifs applaudissements.)

Messieurs, je n'ai pas à retracer à cette tribune le tableau de l'occupation prussienne : personne dans cette Assemblée n'ignore les souffrances de toutes natures, les ruines de toutes sortes, dont cette guerre effroyable est venue dans trente-trois, voire même dans trente-cinq départements, atteindre plus de 10 millions de nos compatriotes. je veux seulement rappeler les pertes matérielles,

les seules réparables dans une certaine mesure.

Vous savez comment dans nos provinces envahies les troupes allemandes qui les inodaient, non contentes de s'installer chez les habitants et de leur imposer cette odieuse et ruineuse cohabitation, qui était et qui est encore malheureusement une des épreuves les plus douloureuses et les plus cruelles qu'ils aient dû supporter, procédaient pour vivre aux dépens du pays. Jamais, on peut le dire, jamais envahisseur n'appliqua, pour écraser un peuple, un système financier plus large et plus impitoyable. (C'est vrai ! — Très bien ! très bien !)

Sous le nom de contributions, on commençait par faire payer trois fois, quatre fois, cinq fois le montant des impôts français. Sous forme de réquisitions en argent, on arrachait aux communes des sommes exorbitantes qu'elles devaient se procurer à tout prix, sous peine de pillage, sous peine d'enlèvement d'ôtages et d'exécutions militaires. (Mouvement.) Puis venaient les réquisitions en nature, frappant les villes, frappant les campagnes, enlevant partout les chevaux, le bétail, les denrées, les choses même les plus indispensables à la vie, — à tel point, qu'en certains endroits, dans les localités qui furent plus spécialement le théâtre de la guerre, et je pourrais citer notamment les environs de Montbéliard, dans le département que j'ai l'honneur de représenter, la misère fut telle que l'ennemi fut obligé de nourrir les habitants. (Sensation.)

Et ce n'est là, Messieurs, qu'un côté du tableau : pour le compléter il faudrait, en regard de ces charges imposées par l'ennemi, placer les dommages matériels, les dévastations qui signalaient la marche des armées. Souvent, en effet, quand la maison avait été pillée et dévastée, le bombardement ou l'incendie venait en chasser les habitants, et consommer ainsi leur ruine et leur désolation.

Eh bien, Messieurs, la question aujourd'hui est de savoir si la France peut se désintéresser d'une pareille situation ; s'il est possible que ces pertes et ces dommages restent exclusivement à la charge de ceux qui les ont subis !

Je sais bien la réponse que l'on nous fait. Je connais la formule du système adverse. On nous a dit, on nous a répété souvent : Mais la France n'entend pas vous abandonner ; elle fera ce qu'elle pourra ; seulement elle le fera à son heure et comme elle l'entendra ; mais vous ne pouvez pas lui faire prendre d'engagement, car il n'y a pas à sa charge d'obligation ; il y a tout au plus un simple devoir.

Eh bien, je prétends qu'il y a à la charge de la France, je ne dis pas une obligation légale, — s'il y avait une loi, nous n'en demanderions pas une, mais une obligation certaine et qui appelle une loi pour la consacrer. (Vive approbation.)

D'ailleurs, n'y eût-il qu'un devoir, je dis que, quand le devoir est, à ce point, étroit et rigoureux, il engage, il oblige, et si, dans de pareilles circonstances, une nation comme la France venait équivoquer sur les mots d'obligation et de devoir pour essayer de se soustraire à la responsabilité qui lui incombe, non-seulement elle se

rendrait coupable d'une injustice, d'une sorte
d'impiété envers ceux de ses enfants qui ont le
plus souffert pour elle, mais je dis qu'elle se
déshonorerait aux yeux du monde. (Vives marques d'adhésion et applaudissements prolongés.)

Messieurs, il y a des choses qui se sentent bien
mieux qu'elles ne se démontrent. Votre approbation me prouve que vous avez senti, que déjà vos
cœurs ont compris. Essayons, cependant, de
raisonner un peu.

Une chose est hors de doute, — c'est que ces
charges et ces dommages, que je viens d'indiquer, sont le résultat direct, immédiat, matériel
de la guerre. Qu'est-ce donc que la guerre et qui
est-ce qui la fait?

La guerre, M. Casimir Périer l'a dit excellemment : c'est un fait général, un fait national.
C'est donc la nation qui doit en supporter les
conséquences.

La guerre, mais elle est faite non point par ou
contre tels départements, tels individus qui en
pâtissent; elle est faite au nom de la France;
dans l'espèce, c'est même la France qui l'a déclarée, c'est donc la France, c'est-à-dire la nation
tout entière, qui doit en souffrir, comme la nation tout entière en aurait profité si la victoire
avait couronné nos efforts. (Nouvelles marques
d'adhésion.)

N'est-il pas vrai, messieurs, que quand j'ai été
frappé par l'ennemi, c'est la France qu'il a entendu frapper dans ma personne? Les pertes que
j'ai subies, n'est-ce pas à la France qu'il a entendu les infliger? C'est donc à elle que je les dois,

c'est elle qui en est la cause, c'est elle par conséquent qui doit les réparer. Et je dis que c'est là une obligation et non simplement un devoir.

Sans doute, le devoir existe aussi, impérieux et pressant, et il résulte notamment de la solidarité qui doit relier toutes les fractions du territoire national. S'il est vrai, messieurs, que la France soit une et que l'unité soit la base de sa puissance, ce ne peut être qu'à la condition de prendre au sérieux et d'appliquer effectivement la solidarité qui en est la conséquence obligée. (Très-bien ! très-bien !)

Et l'intérêt politique, en dehors de toute idée de devoir et d'obligation, un intérêt politique de premier ordre l'exige non moins impérieusement;

Si, dans de pareilles épreuves, quand plus du tiers de nos départements se trouvent écrasés, ruinés par la guerre, si la France les abandonnait, que deviendrait, je vous le demande, le lien qui les rattache à la patrie commune et pui constitue la natiounalité française ? (Applaudissements.)

Ne serait-ce point, je l'ai dit, et je demande la permission de le répéter, ne serait-ce point en cas de guerre nouvelle, décourager, par avance, le patriotisme et le dévouement des populations, de ces vailantes populations, auxquelles la nature a confié la garde des frontières ? (Très-bien! très-bien !)

Messieurs, ma démonstration ne serait qu'ébauchée si je m'arrêtais à ces généralités. Veuillez me permettre de passer en revue, le plus rapidement possible, les charges principales et les principaux dommages que je viens d'indiquer et qui figurent au projet de loi.

La premières de ces charges, c'est la contribu tion.

Le mot contributions de guerre, dans son sens le plus étendu, comprend toutes les charges imposées par l'ennemi, sous quelque forme que ce soit. Mais dans un sens plus restreint, plus étroit, plus technique, il s'entend simplemeut des sommes perçues à titres d'impôts. Et c'est des contributions ainsi entendues que je vais parler d'abord.

Sur ce point, et avant les explications de M. le ehef du pouvoir exécutif, je puis dire que nous sommes d'accord avec le Gouvernement. Nous avons entendu hier les déclarations de M. le ministre des finances. Il est convenu que les sommes perçues par les Allemands à titre d'impôts ne peuvent pas être perdues pour ceux qui les ont versées. Il est entendu que le contribuable qui a payé ne sera pas obligé de payer deux fois ; il est convenu que les villes qui ont été, sous le coup de la violence obligées d'avancer des sommes à titre d'impôts. recevront la restitution des avances qu'elles on faites.

Aussi, messieurs, je serai bref sur ce premier poinl ; mais je veux constater et constater avec précision devant l'Assemblée que ce n'est point une concession que M. le ministre des finances nous fait ; c'est un droit qu'il reconnaît.

Je tiens à le constater, parce que tout à l'heure d'une concession je ne pourrais pas tirer, au point de vue des autres charges imposées par l'ennemi, les conséquences que je tirerai d'un droit reconnu. (Très bien ! très bien !)

Eh bien, je dis que c'est en vertu d'un droit, et d'un droit rigoureux, qu'il faut tenir compte à ceux qui ont payé des sommes à titre d'impôt, des versements qu'ils ont faits. Je dis que ce droit est fondé sur l'équité, sur la raison, sur les principes, et consacré par les traités passés entre la France et la Prusse.

Et d'abord, en équité, comprendrait-on que dans un pays civilisé, dans un pays comme la France, où les droits, dit-on, sont égaux, où les charges doivent être égales, il pût arriver que par le hasard des situations topographiques, un citoyen payât deux fois l'impôt et qu'un autre ne le payât qu'une fois : une fois dans les départements du Midi, deux fois dans les départements de l'Est !

Et remarquons que ces impôts ont été payés sous le coup de la violence. Il est inadmissible que la France, qui a été impuissante à protéger ses nationaux, vienne après la guerre leur faire payer une seconde fois, à son profit, l'impôt que, sous le coup de la violence, ils ont déjà payé à l'ennemi ! C'est impossible !

Mais il y a une raison de droit que je tiens à préciser. Un principe certain, incontesté du droit des gens, c'est que l'occupant a le droit de percevoir l'impôt dans le territoire occupé, et nous verrons que pour vivre il a la faculté non-seulement de percevoir l'impôt, mais de faire des réquisitions.

Ce droit, Messieurs, certain dans le droit des

gens, a été reconnu par la France dans ses traités avec la Prusse. Et si j'établis que véritablement la créance de l'Etat sur les contribuables est passée à l'occupant, il sera évident que quand j'ai payé à l'occupant, je suis libéré.

Or dans l'article 8 des préliminaires de paix nous lisons :

« Dans les départements occupés, la perception des impôts, *après la ratification* du présent traité, s'opérera pour le compte du gouvernement français. »

Ainsi les impôts qui ont couru pendant la guerre, jusqu'à la fin de février, n'appartiennent point à la France, mais appartennent à la Prusse. Ce n'est qu'à partir de la ratification du traité que le gouvernement français rentre non-seulement vis-à-vis de la Prusse, mais vis-à-vis des contribuables dans le droit de percevoir l'impôt.

Vous le voyez, Messieurs, le principe est incontestable, et lorsque M. le ministre des finances nous apportait la déclaration qu'il nous a faite hier, encore une fois, ce n'était point une concession qu'il voulait bien nous faire, c'est un droit qu'il reconnaissait et devant lequel il s'inclinait. (Marques d'assentiment.)

Vous allez voir immédiatement les conséquences de ce principe, et vous allez comprendre pourquoi j'ai tenu à constater ici l'existence d'un véritable droit.

Il est donc entendu qu'une ville qui aura payé aux Prussiens 10,000 francs à titre d'impôts, devra recevoir ces 10,000 francs ; nous sommes d'accord sur ce point.

Voyons maintenant la seconde classe de charges imposées par l'ennemi, c'est-à-dire les réquisitions. Et d'abord, ne distinguons pas, au point de vue qui nous occupe, les réquisitions en argent des réquisitions en nature. Qu'une ville ait donné 10,000 francs en numéraire, qu'elle ait donné la valeur de 10,000 francs en marchandises réclamées par l'ennemi, il est évident, qu'au fond, il n'y a aucune espèce de différence.

Je prends les réquisitions en argent pour les comparer aux sommes prélevées à titre d'impôts, et je dis que si on m'accorde, — et on le fait, — qu'il faut tenir compte des sommes prélevées à titre d'impôts, il est impossible qu'on ne tienne pas compte, dans la même mesure, des sommes qui auront été prélevées à titre et sous forme de réquisitions.

Est-ce que l'on comprendrait la différence? Comment ! il plaît aux Prussiens de demander à une ville 10,000 fr. à titre d'impôts, et cette somme lui sera restituée ; il leur plaît, au contraire, de demander à cette ville 10,000 francs, à titre de réquisitions, et la somme serait perdue! Où serait la raison d'une pareille différence ? Véritablement, elle n'existe pas. Remarquez que, dans un cas comme dans l'autre, c'est toujours sous le coup de la violence que la ville a été obligée de payer.

Et si on pouvait établir cette différence entre les sommes payées à titre d'impôts et les sommes payées à titre de réquisitions, voyez la conséquence ! Il dépendrait de la qualification arbitraire qu'il aurait plu aux ennemis d'imposer à

leurs agissements pour qu'une somme fût restituée dans un cas et qu'elle ne le fût pas dans
l'autre.

Mais il y a ici, comme pour l'impôt, une raison
de droit. Si vous avez admis avec moi que c'est
en vertu du droit que les sommes payées à titre
d'impôts doivent être restituées, comme il n'y a
pas de différence entre les réquisitions et les
sommes prélevées à titre d'impôts, vous avez
déjà le droit d'exiger aussi le remboursement des
réquisitions.

Mais vous avez une autre raison tirée des principes.

Ie disais tout à l'heure, et M. le chef du pouvoir
exécutif ne me contredira pas, car j'ai trouvé ce
principe dans ses discours récents, que l'occupant non-seulement a le droit de percevoir l'impôt sur le territoire occupé, mais qu'il a le droit,
pour vivre et pour s'entretenir, d'exercer des réquisitions en argent et en nature. Le droit des
gens l'admet et il a été reconnu par le gouvernement français. Une dépêche de M. le ministre
des affaires étrangères, en date du mois de mars,
constate qu'en droit, même pendant un armistice,
le vainqueur peut exiger des pays occupés non
seulement l'impôt, mais, par voie de réquisitions,
ce qui est nécessaire à la nourriture et à l'entretien des troupes. Et l'article 4 du traité le constate également, et en même temps que les réquisitions soit en argent, soit en nature, ont
pour objet précisément l'entretien et la nourriture
des troupes. Il y a là une corrélation qui n'est

pas contestée. L'article 4 des préliminaires s'exprime, en effet, de la manière suivante :

« Les troupes allemandes s'abstiendront de faire des réquisitions, soit en argent, soit en nature, dans les départements occupés. Par contre, l'alimentation des troupes allemandes qui resteront en France aura lieu aux frais du gouvernement français dans la mesure convenue par une entente avec l'intendance militaire allemande. »

Ainsi, corrélation entre les réquisitions et la nourriture et l'entretien des troupes, et, de plus, obligation pour l'Etat occupé de pourvoir lui-même à l'entretien des troupes d'occupation.

Eh bien, pendant la guerre, alors que les gouvernements ne pouvaient pas s'aboucher, l'ennemi est venu imposer aux particuliers ces charges qui pèsent sur l'Etat envahi ; est-ce qu'après la guerre, l'Etat ne doit pas tenir compte à ses nationaux des pertes qu'ils ont supportées à sa place ? (Marques d'adhésion.)

Le gouvernement allemand a si bien compris que les réquisitions qu'il exerçait pour la nourriture et l'entretien de ses troupes, soit en argent, soit en nature, ne devaient pas rester à la charge des particuliers qui les subissaient, que dans toutes les circonstances de quelque importance il délivrait, vous le savez, des reçus. A quoi, je vous le demande, serviraient ces reçus délivrés par l'autorité allemande, s'ils n'avaient pas pour but les réclamations que les nationaux français ont à exercer vis-à-vis de l'Etat ?

Remarquez qu'il y a dans quelques-uns de ces reçus que M. le président de la commission a entre les mains, ce détail significatif : l'autorité allemande, en donnant les bons de réquisitions, écrit : « Payable par le gouvernement français ou par le gouvernement allemand, d'après les conventions qui·interviendront à la fin de la guerre entre les deux gouvernements. » C'est-à-dire que les gouvernements déterminent après la guerre celui d'entre eux qui doit tenir compte aux particuliers des réquisitisns exercées.

Or, dans les traités intervenus entre la France et la Prusse, il a été convenu que la Prusse n'aurait pas à payer ces réquisitions et que la charge en incomberait au gouvernement français. C'est donc une obligation que dans les traités la France a directement reconnue et il faut qu'elle l'exécute aujourd'hui. (C'est cela !—Très bien ! très bien !)

Remarquez, d'ailleurs, une chose : nous avons, il n'y a pas longtemps, voté une loi sur les réquisitions faites directement par les autorités civiles ou militaires françaises. Il est incontestable que le montant du prix de ces réquisitions doit être payé par le gouvernement français. Ce principe n'a pas même été discuté.

Eh bien, voyez, si les réquisitions imposées par les autorités allemandes n'étaient pas payées, à quelles conséquences bizarres nous arriverions. Voilà deux villages qui sont à un kilomètre l'un de l'autre. Les troupes françaises sont dans l'un, les troupes allemandes sont dans l'autre. Les réquisitions exercées dans le village de gauche seront payées, les réquisitions du village de droite ne le seront pas !

Est-il possible que, dans un pays comme la

France, la fortune des citoyens dépende d'un tel hasard? (Vive adhésion !)

Il est, Messieurs, un autre genre de perception en argent dont je ne veux dire qu'un mot, — ce sont les amendes, ces sommes imposées par l'ennemi à titre de punition, — punition, vous savez de quoi, — habituellement d'un devoir accompli. Je ne prends, pour abréger, qu'un seul exemple, le plus simple, et qui s'est le plus fréquemment présenté.

Une ville est sommée de se rendre; elle ferme ses portes ; elle se défend jusqu'à la dernière extrémité. L'ennemi n'entre dans ses murs qu'après avoir perdu beaucoup de temps et de monde ; mais, en entrant, il punit la ville de sa résistance en lui infligeant une amende de 100,000 fr.

Eh bien, je demande s'il est possible que l'amende reste à la charge de cette ville déjà ruinée par le bombardement; je demande si les autres villes de France en seront quittes pour l'inutile témoignage d'une vaine sympathie. (Très bien ! très bien !) Je demande si la France voudra punir ainsi une ville de sa patriotique résistance ? (Applaudissements sur divers bancs.)

Vous le voyez, Messieurs, à côté des considérations d'équité et de raison, se place l'intérêt politique. Que deviennent la défense, dans un pareil système ?... Est-ce que le refus par l'Etat de payer ces amendes ne serait pas un encouragement aux trop faciles et trop promptes capitulations ? (Très bien ! très bien !)

Ici encore, il y a une raison de droit que je tiens à constater.

Cette ville ne s'est pas rendue, et, à cause de sa défense, la voilà frappée d'une amende de 100,000 fr. Cependant, pourquoi ne s'est-elle pas, le plus souvent, rendue ? Qui est-ce qui a fermé les portes ? Qui est-ce qui a voulu la défense ? Qui a été la cause de l'amende ? Est-ce qu'il n'y a pas dans la ville une autorité militaire qui représente l'Etat ? Est-ce que ce n'est pas l'Etat, en fin de compte, qui est la cause directe, indépendamment du fait direct de la guerre, de l'amende subie ? (Très bien !)

Je veux, Messieurs, pour sortir le plus rapidement possible de ces détails, ne dire qu'un seul mot des dommages matériels directs.

Vous le voyez déjà, dans tout ce qui concerne les charges imposées par l'ennemi, c'est-à-dire les contributions, les réquisitions, les amendes, il est bien impossible, aux yeux de l'équité et du droit, d'établir la moindre distinction. Voyons si l'on peut, comme un amendement nous le propose, distinguer de ces charges les dommages matériels, tenir compte de ce qui a été payé à titre de charges, et ne pas tenir compte des pertes matérielles subies par suite de dévastations. Comment ! un cultivateur n'a perdu que sa vache, par voie de réquisition ; un autre n'a fait que payer ses impôts ; on leur tiendrait compte et du prix de la vache et des impôts versés, tandis que leur voisin, dont la maison a été incendiée par les Prussiens, ne recevrait aucune indemnité ? Est-ce possible ?

Mais la maison a été détruite dans une ville bombardée ; qui est cause du bombardement ?

Ce n'est pas seulement le fait général de la guerre, c'est le fait de l'autorité française, représentant le gouvernement, qui, ayant ordonné de fermer les portes de la ville, a fait de cette ville le théâtre du combat et du bombardement. Il y a donc là encore une cause directe.

Véritablement, les arguments abondent en cette matière. Comment, alors qu'un village, entre deux armées qui se battent, a été plus ou moins détruit, comment distinguerez-vous par quels boulets il l'a été, et dans quelle proportion les boulets français et les boulets prussiens ont contribué à la destruction ?

J'ai dit qu'il était impossible de distinguer les réquisitions faites par les troupes françaises de celles faites par les troupes allemandes. Eh bien, je dis aussi qu'il est impossible de distinguer les dommages causés par l'armée française des dommages matériels causés par l'armée ennemie. (C'est évident ! — Très bien !)

Les dommages causés par les troupes françaises, on reconnaît qu'il faut en tenir compte.

Quand l'armée française, dans l'intérêt de la défense, a fait sauter un pont, abattu une forêt, détruit une maison, l'autorité française doit payer le dommage qu'elle a causé. Pourquoi ne payerait-on pas le dommage causé par l'ennemi dans des circonstances analogues ? Pourquoi, alors que la moitié d'un village aura été détruit par l'armée française, pour les besoins de la défense et que l'ennemi aura détruit, dans le même but, l'autre moitié du village, pourquoi donnerait-on une indemnité aux habitants de celle-là et n'en donnerait-on pas une aux habitants de celle-ci?

Il est absolument impossible, par des distinctions de cette nature, d'arriver à séparer les dommages matériels des charges imposées par l'ennemi.

Voilà, Messieurs, l'ensemble des charges et des dommages qui figurent dans l'article 1er de notre projet, portant : « que les contributions, les réquisitions, soit en argent, soit en nature, les amendes et les dommages matériels directs, — nous laissons de côté les dommages indirects, — seront supportés par la nation. »

C'est, Messieurs, le principe de la loi. Quand nous l'avons posé, il y a déjà longtemps, car le projet est ancien, on nous faisait une double objection qui n'a plus sa raison d'être. Les uns nous disaient : Mais comment! Vous posez un principe qui consacre la responsabilité de l'Etat, et vous ne connaissez pas les charges, les dommages dont vous demandez la réparation ? Est-il possible de faire accepter par une grande Assemblée un pareil principe, sans qu'elle puisse apercevoir l'étendue de la responsabilité qui peut en résulter pour les finances du pays ?

On nous disait, d'un autre côté, peu après : Bien que nous ne connaissions pas d'une manière complète le montant des charges, des dommages de la guerre, nous sommes certains que ce montant s'élève à des chiffres effrayants ; les pertes sont si considérables, qu'elles sont véritablement irréparables. C'est un malheur, tant pis pour celui qui le subit. Et on nous citait, Messieurs, des

chiffres fabuleux. Il y a huit jours, M. de Ventavon, —déjà plus modeste, — vous parlait encore
de 3 milliards.

Eh bien, nous pouvons rassurer l'Assemblée.
Nous avons maintenant ce que nous n'avions pas
il y a plusieurs mois, nous avons des chiffres,
non point définitifs, mais suffisants pour établir
le maximum de tous les engagements que l'Etat
peut encourir... (Mouvements divers.) D'un autre
côté, vous allez voir que ces chiffres n'ont absolument rien d'effrayant et que ceux qu'on a cités
il y a huit jours sont purement imaginaires. (Approbation sur plusieurs bancs.)

L'argument qu'on en voulait tirer n'a plus de
base ni de raison d'être. (Très bien !)

Messieurs, je l'ai dit en commençant : M. le
ministre de l'intérieur, dès le mois de mars, avait
pris l'initiative d'une vaste enquête ayant pour
but de constater les charges et les dommages que
je viens d'indiquer. Le 13 mars, il adressait aux
préfets une première circulaire; bientôt suivie
d'une seconde. Il leur disait de faire dresser dans
chaque commune, par la municipalité, l'état de
toutes les pertes, soit individuelles, soit commu-
nales, d'après les déclarations des parties intéres-
sées.

A la date du 21 avril, par une nouvelle circulaire, M. le ministre de l'intérieur invitait les
préfets à faire nommer dans tous les cantons des
commissions composées du juge de paix, de
maires, d'agents de l'administration des finances,
avec la mission de vérifier les états dressés par

les municipalités, et de leur faire subir les réductions justifiées.

Or, Messieurs, voici le relevé total, département par département, des états des municipalités, tel qu'il m'a été remis au ministère de l'intérieur. Je n'ai pas encore le travail complet des commissions cantonales... (Mouvements divers.) Beaucoup de ces commissions ont achevé leur travail, d'autres ne l'ont pas fini ; mais ce que l'on m'a dit au ministère de l'intérieur, ce que la raison indique, c'est que le travail des commissions cantonales ne peut qu'amoindrir le total des états des municipalités. Puisque les municipalités présentent l'ensemble des demandes et que les commissions cantonales ont à le vérifier, il est bien certain que la vérification ne peut qu'en amoindrir le montant.

Sur plusieurs bancs. — C'est évident ! c'est évident !

M. LE RAPPORTEUR. — Eh bien, Messieurs, savez-vous quel est le total ?

Plusieurs membres. — Non ! Dites-le donc !

M. LE RAPPORTEUR. — Trois milliards, apparemment, comme le disait l'honorable M. de Ventavon ?... (Exclamations sur divers bancs.)

Non, Messieurs, c'est au chiffre de 666 millions que s'élève l'ensemble des réclamations constatées par les états de municipalités : 666 millions ! Je m'empresse d'ajouter que la ville de Paris et le département de la Seine ne sont pas compris dans ce chiffre. (Ah ! ah !)

La perte du département de la Seine, au point

de vue des dégâts, ne s'élève qu'à quelques millions. (Dénégations sur quelques bancs.)

M. LE CHEF DU POUVOIR EXÉCUTIF. — Et les 200 millions de contributions de guerre payés par la ville de Paris ?

M. LE RAPPORTEUR. — Je ne parle pas, pour le moment, des 200 millions qui ont été versés par la ville de Paris : j'en parlerai tout à l'heure.

Je parle des dégâts, et c'est avec intention que je n'ai point retenu ceux de la guerre civile ; nous ne sommes pas saisis d'une proposition qui s'y rapporte ; la question, d'ailleurs, est régie par d'autres principes, et je suis convaincu que l'Assemblée ne m'aurait pas permis de confondre les deux questions. (Non ! non ! — Très bien !)

Eh bien, nous soutenons que, pour Paris et le département de la Seine, les dégâts causés par la guerre étrangère s'élèvent à un chiffre relativement insignifiant.

Quant aux 200 millions payés par la ville de Paris, sans doute, ils ne figurent pas ici. Le gouvernement et l'Assemblée prendront à cet égard une résolution ; mais je fais observer que le caractère de cette contribution est tout particulier. Je ne sache pas que la ville de Paris ait elle-même pris part au traité ! C'est le gouvernement français, le gouvernement de la défense nationale qui s'est engagé vis-à-vis du gouvernement prussien à lui faire verser une somme de 200 millions.

M. LE CHEF DU POUVOIR EXÉCUTIF. — Raison de plus !

M. LE RAPPORTEUR. — Raison de plus, je ne dis

pas le contraire ; je dis seulement que les contributions payées par Paris ont un caractère à part ;
cette somme doit être restituée à la ville ; mais,
je le répète, il s'agit là d'une situation particulière. Voilà pourquoi, au ministère de l'intérieur,
on n'a pas ajouté cette somme de 200 millions au
chiffre de 666 millions que je viens d'indiquer.

M. LE CHEF DU POUVOIR EXÉCUTIF. — Il faut
ajouter Paris !

M. LE RAPPORTEUR. — Ajoutons Paris, je le veux
bien. Il est entendu que c'est le chiffre des demandes ; il est indubitable que le travail de vérification des commissions cantonales viendra l'a-
moindrir.

On nous l'a affirmé au ministère de l'intérieur,
au vu des vérifications déjà faites, et la chose est
certaine. Je ne veux pas indiquer une proportion,
le travail n'étant pas complet; mais l'Assemblée
peut être sûre que la réduction sera considérable,
et je vais lui dire pourquoi.

Cette réduction, naturellement, ne portera pas
sur les sommes payées à titre d'impôts, à titre de
contributions, de réquisitions en argent; les
sommes sont des sommes, et il est difficile de les
augmenter dans un état. C'est évidemment sur
les charges qui ont été estimées et sur les dommages matériels qu'il doit y avoir exagération.
Un homme dont la maison a été détruite, dont
les récoltes ont été dévastées, évalue sa perte à
une somme qui vraisemblablement sera réduite.
Or, Messieurs, dans ce chiffre de 666 millions, je
ne parle que pour la province, savez-vous quel
est le chiffre des charges et dommages ainsi su-

jets à une réduction certaine ? Il est de 580 millions. Ces trois éléments : dommages immobiliers et mobiliers, enlèvements de mobiliers opérés sans réquisition, réquisition en nature qu'il faut évaluer. Ces trois éléments, dis-je, figurent dans le chiffre de 666 millions pour une somme de 580. De sorte que c'est sur une partie très notable de ces 666 millions que porte la réduction. (Marques d'approbation.)

Quoi qu'il en soit, Messieurs, voilà les chiffres; vous voyez à quelle distance nous sommes des milliards dont on parlait. D'une part, l'Assemblée aperçoit le maximum des engagements qu'elle prendra en proclamant le principe que nous posons dans l'article 1er; elle voit, d'autre part, que ce chiffre n'a plus rien d'effrayant. Quand on paye cinq milliards à l'ennemi à titre d'indemnité, trois milliards pour les frais de guerre, ce n'est pas quelques centaines de millions de plus, employés à relever nos départements écrasés, qui peuvent changer sérieusement la situation financière du pays. (Mouvements en sens divers.)

Et que l'Assemblée ne se préoccupe pas de cette considération que l'Etat, s'étant constitué débiteur, le chiffre des sommes mises à sa charge sera facilement exagéré. On fera, à cet égard, toutes vérifications qu'il plaira au gouvernement de nous indiquer. Nous avons eu l'honneur, dans nos conférences, de dire à M. le chef du pouvoir exécutif que, sur ce point, nous étions complétement à sa disposition. Nous avons, dans l'article 2, retenu les enquêtes telles qu'elles avaient été commencées par M. le ministre de l'intérieur. Si ce mode de procéder ne paraît pas offrir des garanties suffisantes, nous acceptons, encore une fois, tous les modes de vérification que le gouvernement voudra bien nous indiquer. (Très bien ! très bien !

Et maintenant, Messieurs, puisque vous connaissez les chiffres, je n'ai pas davantage à répondre à l'argument que l'on se promettait autrefois de tirer du crédit compromis par notre projet.

Le crédit, Messieurs, repose sur une double base, et nous prétendons que le rejet du projet lui serait bien plus funeste que son adoption.

La première condition du crédit d'un Etat, c'est l'aisance, sinon la prospérité du pays.

Eh bien, si vous laissez plus d'un tiers du territoire dans la situation où il se trouve, nos villes, nos communes en présence d'engagements qu'ils ne peuvent acquitter ; nos cultivateurs sans outillage, sans instruments de travail, sans moyens possibles de production, croyez-vous que vous ferez une chose utile au crédit de l'Etat ? (Marques d'approbation et applaudissements sur quelques bancs.)

Le crédit de l'Etat repose encore sur une autre base. M. le chef du pouvoir exécutif, dans un de ses derniers discours, nous disait excellemment que le crédit de l'Etat était intact, parce que personne dans le monde ne doutait de la fidélité de la France à faire face à ses oblifiations. (Très bien ! très bien !)

Eh bien, je vous le demande, si, en présence

d'une obligation aussi sacrée que celle dont nous demandons l'exécution, la France se dérobait à sa responsabilité, serait-ce un moyen bien choisi de servir le crédit public ? (Très bien !)

Veuillez , d'ailleurs , remarquer que cette somme que nous demandons à l'Etat ne constitue pas une perte nationale.

Les 5 milliards que nous payons à l'ennemi forment une perte sèche; ils sortent du pays pour n'y pas rentrer. Mais la somme donnée à une partie de nos nationaux pour réparer leurs ruines, n'est, à vrai dire, qu'un déplacement de la fortune nationale, un nivellement des pertes subies ; cette somme ne sort pas de la frontière, elle va servir à accroître la richesse publique. (Très bien ! très bien ! — Applaudissements sur plusieurs bancs.)

C'est avec raison que, dans une des nombreuses pétitions adressées à l'Assemblée nationale, on nous a dit : « Mais ces millions des indemnités, ils vont se transformer immédiatement en travaux utiles ; ils vont circuler par les mille canaux qui servent de véhicule à la richesse publique ; iis stimuleront l'activité commune du pays ; ils reviendront au Trésor, qui les aura déboursés, sous toutes les formes de l'impôt. La justice ici sera, en même temps qu'une bonne action. un acte de bonne et de sage politique. » (Très bien ! très bien !)

Et puis, Messieurs, nous avons fait, pour ne point engager les finances de l'Etat, et pour ne point gêner le gouvernement, tout ce qu'il était possible de faire ; voyez jusqu'où nos réserves sont allées. Nous ne demandons pas à l'Etat de nous payer immédiatement; nous demandons d'abord la proclamation du principe, puis des enquêtes sérieuses pour fixer ie chef des indemnités. Cela fait, nous nous arrêtons et nous disons, dans notre article 3 : « Quand les enquêtes auront été faites, une loi postérieure fixera définitivement le montant des charges et des sommes à payer par l'Etat. » Elle dira à quelle époque l'Etat payera, comment, sous quelles formes. De telle sorte que nous ne déterminons ni l'époque ni le mode du payement. Nous laissons cela à la disposition d'une loi postérieure.

Il est vrai que, le projet étant déjà ancien et les souffrances s'étant naturellement accrues avec le temps, une mesure provisoire est devenue indispensable. Nous savons que le gouvernement est disposé à l'accueillir. Il est certain que toutes ces commissions, que toutes ces vérifications prendront encore du temps. Eh bien, dans le courant de l'année, — nous remercions M. le chef du pouvoir exécutif qui nous en a donné l'assurance, — une somme dont le chiffre sera détsrminé d'ici à la troisième lecture, sera mise à la disposition du ministre compétent pour être répartie d'abord entre les départements, au prorata de leurs pertes, puis dans chaque département entre les plus pressés. Nous fixerons ce chiffre avec M. le chef du pouvoir exécutif entre la deuxième et la troisième lecture ; nous avons l'espoir fondé de tomber d'accord. (Très-bien ! — Applaudissements sur plusieurs bancs.)

Dans ces conditions, ce que nous vous demandons, c'est ce qui a toujours été fait. On dit que c'est une nouveauté. C'est conforme à toutes nos traditions nationales, et la Prusse elle-même le fait à l'heure ou je parle.

Je dis que cela s'est fait en France à toutes les époques où notre pays à eu le malheur de subir l'invasion. En 92, en 93, l'Assemblée nationale d'abord, la Convention ensuite, ont édicté des lois analogues. L'honorable M. Lenoël, dans la discussion que je vous rappelais tout à l'heure, vous a cité la loi de 1792. Permettez-moi de remettre simplement sous vos yeux quelques passages des considérants dans lesquels les principes de solidarité sont nettement posés :

« L'Assémblé nationale, considérant que, si dans une guerre dont l'objet est la conservation de la liberté, de l'indépendancé, de la Constitution française, tout citoyen doit à l'État le sacrifice de sa vie et de sa fortune, l'État doit, à son tour, protéger les citoyens qui se doivent à sa défense ;

« Voulant donner aux nations étrangères le premier exemple de la fraternité qui unit les citoyens d'un peuple libre et qui rend commun à tous les individus du corps social les dommages occasionnés à l'un de ses membres ;

« Certaine que tous les habitants des départements frontières trouveront dans la solicitude fraternelle des représentants de la nation un nouveau motif d'attachement à la patrie et de dévouement à la cause nationale...

« L'Assemblée décrète l'urgence et pose le principe de la responsabilité nationale. »

La Convention, dans l'article 1er de la loi des 14 et 16 août 1793, « déclare, au nom de la nation, quelle indemnisera tous les citoyens des pertes qu'ils ont éprouvées ou éprouveront par suite de l'invasion de l'ennemi. » (Mouvements divers.)

Je ne m'arrêterai pas, Messieurs, à la Restauration. Je constate que, dans la seule loi de finances de 1816, on a mis à la disposition des départements qui avaient subi des pertes, d'abord une somme de 10 millions, puis des impôts arrières ; enfin on a restitué une somme de 20 millions aux départements qui avaient été obligés de la payer pour vétir les troupes allemandes. Tout cela est dans la loi de 1816, et l'Assemblée sait à merveille qu'entre les pertes de l'occupation actuelle. il n'y a aucuns espèce de ressemblance à établir.

Enfin, Messieurs, j'ai dit que la Prusse, à l'heure où je parle, fait précisément ce que je demande à cette Assemblée de faire elle-même ; elle indemnise les département qu'elle nous a pris. Dès le mois de mars, M. de Bismark en donnait l'espérance formelle aux délégués de l'Alsace et de la Lorraine; cette assurance a été suivie d'effet. J'ai entre les mains la loi qui a été votée par le parlement prussien, à la date du 14 juin 1871, et qui pose le principe d'une complète indemnité.

Sur plusieurs bancs. — Elle le fait avec notre argent !

M. LE GÉNÉRAL MAZURE. — Nous n'avons pas besoin de l'exemple de M. de Bismark.

M. LE RAPPORTEUR. — Si tel est le traitement fait par la Prusse aux départements qu'elle nous a ravis, je demande s'il est possible que nous n'indemnisions pas les départéments qui nous restent, qui sont voisins de ceux-là, et qui constituent aujourd'hui notre extrême frontière? Je demande s'il est prudent et patriotique d'établir entre ces départements limitrophes une pareille dissemblance. (Très bien! très bien!) Si vous voulez réserver l'avenir, ne découragez pas, ne désaffectionnez pas vos sentinelles avancées.

N'oubliez pas que vous êtes en présence de 35 départements, de plus de 12,000 communes, de plus de 10 millions de Français. N'oubliez pas non plus que l'Europe, que le monde a les yeux fixé sur tous les actes de cette grande Assemblée, et parmi ces actes, il en est peu d'une importance égale à celle de la décision qu'elle va rendre. Quant à nous, Messieurs, et ce sera le dernier mot de ces trop longues observations, nous estimons que cette décision est dictée et véritablement imposée par l'équité, par la justice, par le soin qui nous est confié, de l'honneur et de la dignité nationale. (Très bien! très bien! — Applaudissements sur un grand nombre de bancs.)

M. Thiers, chef du pouvoir exécutif. — Messieurs, mon intention n'est point de prendre la parole actuellement; je la laisse à ceux de mes honorables collègues qui vont soutenir la thèse contraire. Je désire que l'Assemblée ne suive pas cette discussion sous l'empire de ce que j'appellerai un préjugé, et qu'elle ne croie pas que le gouvernement ait admis le principe qui vient d'être soutenu ici. (Mouvements divers.)

On m'a demandé deux choses : un principe et l'acquittement d'une dette. J'ai contesté le principe, et je vous prouverai que j'ai été fondé à le contester en vous exposant les théories incontestées sur ce sujet, en vous montrant la loi et la jurisprudence du conseil d'État et de la Cour de cassation elle-même... (Interruptions diverses.)

Plusieurs voix — Oui ! oui ! — Très bien ! très bien !

M. LE CHEF DU POUVOIR EXÉCUTIF. — Il faudrait cependant, Messieurs, si l'on veut que cette discussion puisse porter des fruits, qu'on veuille bien écouter les opinions opposées. (C'est évident !)

N'oubliez pas que si d'un côté il y a un intérêt très respectable, je le reconnais, celui d'une partie considérable de notre territoire, qui a cruellement souffert, il y a, de l'autre, l'intérêt le plus sacré, celui du Trésor et du crédit public. (Très bien ! très bien !)

Et, quant à moi, je n'hésite pas à le dire, vous verrez que ce n'est pas loin d'un milliard qu'on nous demande, et j'affirme que le Trésor ne peut pas le payer. (Mouvements en sens divers !)

J'ai contesté le principe et la dette ; mais, ce que je n'ai pas contesté, ce que je suis bien loin de vouloir contester, c'est, premièrement, qu'il n'y ait eu de grandes souffrances... (Nouvelle interruption. — Parlez ! parlez !) Secondement, c'est que l'Etat ne peut pas être indifférent à ces souffrances.

J'ai concédé un large soulagement, et un soulagement prochain, ce qui est plus important encore que l'étendue du soulagement ; j'ai concédé cela, pas davantage, et je ne pouvais pas consentir à ce que la discussion se prolongeât avec cette opinion que nous avions adhéré à ce que vient de soutenir l'honorable préopinant.

Maintenant, je cède la place à ceux de nos honorables collègues qui vont soutenir la thèse contraire à celle que vous avez entendue. (Très bien ! et applaudissements sur divers bancs. — Rumeurs sur d'autres. — Agitation prolongée.)

M. MICHEL. — Messieurs, ma surprise a été grande quand j'ai entendu M. le rapporteur venir à cette tribune nous dire que, mettant à profit les remises qui avaient été accordées par l'Assemblée, l'entente s'était faite entre le gouvernement d'une part, et la commission de l'autre. J'ai eu un instant l'espoir que cette entente était complète. Je me suis senti soulagé d'un poids bien grand, le poids du devoir que je viens accomplir à cette tribune.

Maintenant que M. le Chef du pouvoir exécutif a parlé, vous savez que sur la question principale, sur celle qui se recommande à toute votre attention, sur le principe, le gouvernement n'est pas d'accord avec la commission, pas plus que nous ne pouvons l'être nous-mêmes.

J'ai été, en outre, douloureusement surpris de ce qui a été dit contre ceux qui oseraient à cette tribune venir contester le principe écrit dans le projet de loi qui est soumis à vos délibérations. Je dis douloureusement surpris, parce que, pas plus que d'autres, nous ne manquons de sentiments patriotiques ; parce que dans les pays que nous représentons, on n'a marchandé ni son argent, ni son sang, et qu'aujourd'hui la question qui est soumise à l'Assemblée est une de celles dont on ne peut se laisser imposer la solution sans protester. (Rumeurs diverses.)

Puisque nous étions d'accord, puisque le chiffre a été fixé avec le plus grand soin, car il s'agit d'une question de chiffres... (Réclamations.)

M. DE BEAUVILLÉ. — Non, c'est une question de principe et une question de justice !

M. MICHEL. — ... Il me semble qu'il était plus simple de faire immédiatement connaître le total dans la proposition. On nous a dit que le chiffre total s'élevait à 666 millions ; puis, Messieurs, on a été obligé de reconnaître qu'il y manquait tout ce qui est dû pour les désastres de la ville de Paris. Il n'y a pas, sur ce point, de distinctions à faire entre la guerre étrangère et la guerre civile. (Dénégations nombreuses.) Il n'y en a aucune.

Quand le principe sera posé et qu'il aura été accepté par vous, la ville de Paris réclamera et elle sera fondée à le faire, l'Etat sera obligé de payer tous les dégâts de toutes natures. (Réclamations.)

L'objet de la proposition qui est soumise par la commission aux délibérations de l'Assemblée, quel est-il ? C'est de faire supporter par la France tout entière, non pas seulement les contributions de guerre, les réquisitions, soit en argent, soit en nature, les impôts perçus sous toutes les formes par les autorités allemandes, mais encore tous les dégâts directs et matériels que la guerre et l invasion ont fait subir aux habitants, aux communes et aux départements. (Oui ! oui ! — Non ! non !)

Le projet de loi se divise en deux parties ; il a été ou sera publié en deux volumes. Dans la première partie, celle qui est aujourd'hui soumise à la délibération, le principe est nettement posé ; il est absolu, il est radical : c'est le remboursement intégral et immédiat... (Mais non ! mais non !), le remboursement intégral de tout ce qui a été payé et fourni ; c'est, en outre, la réparation de tous les dégâts, pourvu qu'ils soient directs et matériels.

Ce projet, Messieurs, me paraît si contraire aux principes et aux précédents, quoi qu'on en ait dit, il peut entraîner de tels abus et il est si excessif au point de vue financier, que je n'hésite pas à le combattre.

Je voudrais lui voir substituer le contre-projet qui devait sortir de l'entente dont il a été parlé, entre le gouvernement, d'une part, et la commission, de l'autre.

Un membre. — Elle a eu lieu ! (Mais non !)

M. MICHEL. — C'est ce contre-projet qui pourrait concilier à la fois les principes et les grands intérêts qui sont engagés devant vous aujourd'hui. Son économie serait bien simple ; je vais vous dire en quoi elle consisterait : on pourrait fixer dans le projet de loi la somme qui serait donnée à ceux qui demanderaient une réparation quelconque ; et cette somme fixée d'une façon définitive, on pourrait l'échelonner par années, de manière à ce que le budget n'ait pas trop à en souffrir. (Interruptions diverses.)

Je sens, Messieurs, que j'entreprends une tâche difficile et ingrate.

Plusieurs membres. — Oui ! oui ! ingrate !

M. MICHEL. — Je sens que je heurte les sentiments de générosité qui constituent le fond du cœur français.

Plusieurs membres. — Et les sentiments de justice !

Autres membres. — Laissez donc parler ! — N'interrompez pas !

M. MICHEL. — Le patriotisme, Messieurs, revêt bien des formes, il a bien des variétés, et l'expérience, une expérience douloureuse, nous a malheureusement appris que celui qui n'est pas éclairé, qui n'est pas réfléchi, se meut dans l impuissance, et que, quand il produit quelque chose, il ne produit que le désordre. (Très bien !)

Je ne connais qu'un moyen pour parer à ce péril, c'est de savoir résister aux entraînements de toute nature ; c'est dans cette pensée que, ne prenant conseil que de mon courage et de ma conscience, je suis monté à la tribune pour vous dire que vous ne devez pas vous laisser aller aux premiers élans de votre cœur ; il ne s'agit pas ici d'une question de sentiment à apprécier, mais d'une question de principe et d'avenir. (Interruptions et murmures.)

M. COCHERY. — C'est à ce titre aussi que nous réclamons.

M. MICHEL. — Je repousse le projet, parce que rien ne m'y paraît défini et limité, parce que le système qui a été adopté par la commission pour arriver à la constatation des chiffres peut donner naissance à des abus, et par les abus aux plus grands désordres ; parce que ce principe, poussé à ses conséquences, dépasse la possibilité de nos finances.

Il est un seul point qui nous sépare de l'honorable orateur qui m'a précédé à cette tribune, c'est le droit, et c'est, entre nous, il faut bien le dire, une barrière infranchissable. (Exclamations.)

Si, comme on l'a prétendu tout à l'heure, il y a pour l'Etat une dette, une responsabilité complète, il est évident qu'il n'y a pas lieu de discuter, de se demander quels sont les chiffres, et je ne sais pas pourquoi on a eu cette préoccupation ; il n'y a absolument qu'une chose à faire, c'est de s'incliner et de payer immédiatement. Mais si, au contraire, il n'en est pas ainsi, s'il n'y a pas de dette pour l'Etat, si le principe dont on a parlé tout à l'heure n'a jamais été consacré, il ne pourrait y avoir pour lui qu'un devoir, et alors il ne s'agirait pas de payer intégralement toutes les sommes réclamées, mais de savoir quelles sont les ressources de nos finances, et jusqu'où l'on pourrait aller pour secourir ceux qui ont subi des pertes. Personne de nous ne refuse de venir au secours de ceux qui ont souffert dans la guerre, tous nous sommes prêts, s'il le faut, aux plus grands sacrifices, mais encore faut-il que ce soit dans les limites de ce qui est raisonnable et possible.

Qui donc ne voudrait, si c'était possible, tout

réparer, depuis le brin d'herbe foulé par le pied de l'envahisseur, jusqu'aux meubles pillés, jusqu'aux récoltes ravagées, jusqu' aux édifices qui sont devenus la proie des flammes ?

Eh bien, Messieurs, quel est le moyen qui a été adopté par la commission pour arriver à constater ces chiffres, des chiffres qui n'ont rien de définitif, qui ne sont pas arrêtés ? On n'a pas pu nous donner des renseignements exacts à la questure, quand nous demandions si les réponses avaient été faites au questionnaire. Ainsi, il n'est pas même question des sommes qui pourraient être demandées par les compagnies de chemins de fer. Croyez-vous, pourtant, si le principe est admis, qu'elles ne s'empressent de demander aussi la réparation des dégâts qui leur ont été causés? (Rumeurs.)

Voix diverses. — Pourquoi pas? Elles auraient raison !

M. MICHEL. —On a procédé par une enquête; rien à mon avis ne peut être plus périlleux qu'une enquête. Et de quelle façon a-t-elle été faite? Une commission de 45 membres a été nommée par vous à Bordeaux, avec la mission de constater la situation des départements envahis ; des questionnaires ont été adressés dans toutes les communes ; tous ceux qui prétendent avoir souffert n'ont eu qu'à se présenter pour formuler leurs pertes, leurs prétentions.

Eh bien, ce sont les parties elles-mêmes qui viennent ainsi, exagérant comme elles l'entendent, ce qu'elles appellent leurs droits, réclamer par des chiffres qu'elles posent elles-mêmes, le montant des sommes qui peuvent leur être dues et quelquefois celles qui ne leur sont pas dues. (Réclamations et rumeurs diverses.)

Et quel est le contrôle ? Le contrôle est celui-ci : des commissions cantonales ont été instituées par M. le ministre de l'intérieur pour réviser ces travaux, de telle sorte que ce sont toujours les parties elles-mêmes qui agissent, les unes demandant, les autres révisant le montant des sommes indiquées.

Ce n'est pas à une enquête qu'on devrait recourir, et puisqu'on vous a cité les lois de la Révolution et notamment celles de 1793, à cette époque où la Convention avait cru pouvoir accorder des indemnités considérables, ce n'est pas par la voie des enquêtes qu'on a procédé, mais par des expertises contradictoires entre ceux qui représentent les intérêts de l'Etat et ceux qui représentent les intérêts des particuliers. (Bruit.)

Enfin, Messieurs, vous avez encore présent à la mémoire le remarquable discours de M. Thiers sur l'emprunt des deux milliards. Avec sa parole à la fois simple et élégante et toujours noble, M. le Chef du pouvoir exécutif se jouant en quelque sorte avec les difficultés de chiffres qui arrêtent les intelligences les plus jeunes et les plus vigoureuses, nous a montré, comme dans un appareil photographique, notre situation financière. Les difficultés qu'il n'a pas voulu nous cacher, il a eu soin de vous faire connaître et d'indiquer les moyens de les aplanir ; il a pu ainsi ranimer nos courages, et faire naître dans nos cœurs les plus douces espérances.

Messieurs, est-ce que dans ce discours il a été question des indemnités qui sont aujourd'hui réclamées? Croyez-vous que cela ait pu échapper à la perspicacité de M. le Chef du pouvoir exécutif? Non ! Et pourquoi n'en a-t-il pas parlé?

Le Chef du pouvoir exécutif, se plaçant à un double point de vue, a pensé qu'il fallait garder le silence, d'abord parce qu'il ne pouvait pas s'agir d'un droit, comme il vient de l'affirmer tout à l'heure à la tribune, et, en second lieu, parce que ce silence était commandé par les susceptibilités du crédit public auquel on était sur le point de faire appel.

Et, remarquez-le, dans ce discours, M. le Chef du pouvoir exécutif a fait cependant une réserve. Il vous a dit : « Nous avons encore des indemnités à donner, par exemple, à telle partie de Paris que, sciemment et d'accord avec vous, nous avons sacrifiée au dieu terrible de la guerre. » Nous l'avons promis, et j'espère que vous ne voudrez pas manquer à la parole que nous avons donnée pour vous. Il y a tel point de Paris que nous avons immolé à la nécessité du succès, et que nous avons immolé pour que nos projectiles n'allassent pas accabler la ville tout entière.

Cette réserve était faite précisémeut au sujet de la guerre civile. Eh bien, Méssieurs, vous apportez aujourd'hui d'une façon brutale, permettez-moi l'expression, au tableau que nous a fait M. le Chef du pouvoir exécutif, une ombre bien épaisse. Et si vous remarquez que le principe, une fois posé, doit être poussé jusqu'à ses dernières conséquences, voici le résultat auquel vous allez arriver. Non-seulement vous devez une indemnité pour les maux occasionnés par la guerre étrangère, mais vous la devez pour les maux occasionnés par la guerre civile. (Non ! non !)

Un membre. — C'est une autre question !

M. MICHEL. — Je vous demande pardon !

Il arrivera très souvent qu'on ne pourra pas distinguer entre les dégâts qui ont pour cause la guerre étrangère et les dégâts qui ont pour cause la guerre civile, en ce qui touche le département de la Seine.

Une voix. — Dans les autres départements envahis on distinguera facilement.

M. MICHEL. — A ces observations qui me paraissent bien nettes et bien précises, que répond-on ? On répond par un argument ou plutôt par un principe.

Je n'en nie pas, Messieurs, la portée, mais cette portée pour moi est plus apparente que réelle. Ce principe est celui de la solidarité, c'est un principe qui a de l'attrait, mais le charme en est beaucoup plus dans les mots que dans la chose elle-même. (Ah ! ah !)

Un membre. — Quand il s'agit de payer !

M. ANISSON-DUPÉRON. — Je demande la parole.

M. MICHEL. — En effet, que nous dit-on ?

N'est-ce pas dans nos malheurs, et après les effroyables désastres de la guerre, qu'il est juste et politique de proclamer les principes d'unité et de solidarité qui relient toutes les parties du territoire français ? La guerre est un fait national, et c'est donc à la nation à en supporter toutes les conséquences, et c'est à elle qu'incombe l'obligation de les réparer. Nous avons bien pu, par un vote dont la presque unanimité n'était qu'un écho retentissant des sentiments du pays, faire rejaillir sur la tête d'un homme la responsabilité de la guerre. Mais l'histoire sera plus sévère, elle dira que, quand un peuple, maître de ses droits et de ses destinées court sottement affolé se jeter dans les bras d'un conspirateur, il ne doit pas s'étonner des aventures qu'on lui fait courir et de l'abîme qu'il a été condamné à creuser sous ses pieds. (Mouvements divers.)

Un membre. — C'est pour cela qu'il est responsable !

M. MICHEL. — Elle dira encore que les mandataires de la France, à part quelques honorables exceptions et à leur tête celle dont le pays et nous tous avec lui avons gardé le souvenir, au lieu de résister à une volonté suprême, ont établi eux-mêmes par leurs acclamctions le courant qui nous a entraînés et perdus.

C'est vous dire que j'admets, dans une certaine mesure, la responsabilité morale de la nation. Mais doit-elle aller jusqu'à la conséquence de la solidarité ? Et d'abord de quelle solidarité veut-on parler ? Pour ma part, Messieurs, je ne connais que celle que la loi proclame après l'avoir nettement définie et caractérisée. La solidarité naît ou d'une disposition formelle de la loi ou d'une volonté nettement exprimée par les parties. Les événements de la guerre ne peuvent pas quand même, permettez-moi de le dire, donner lieu à une action en indemnité. Je sais que ce principe ne sera pas accepté de votre part sans murmures, puisque tout à l'heure, quand il a été présenté avec tant d'autorité par M. le Chef du pouvoir exécutif, vous avez paru l'accepter avec difficulté.

Je dis que les événements de la guerre ne constituent qu'un cas de force majeure au regard du droit.

Je trouve, Messieurs, que c'est la loi elle-même qui a pris soin de le dire. Dans l'article 1773 du code civil... (Exclamations à gauche) la loi, en faisant la distinction des cas de force majeure, a placé à coté de l'inondation le cas de l'invasion étrangère et de la guerre.

La guerre, quoi que vous en pensiez, au point de vue purement et simplement juridique et au point de vue de la loi, doit être mise sur le même pied que les cas d'inondations et d'incendies, et les victimes, pour être plus intéressantes et plus nombreuses, ne peuvent changer ni le principe, ni la règle qui doit leur être appliquée. (Vives et nombreuses réclamations.)

Tout à l'heure, à cette tribune, M. le Chef du pouvoir exécutif vous a parlé de la jurisprudence; je n'insisterai pas, mais il me sera, cependant, permis de vous dire que la question que vous avez à examiner d'une façon souveraine n'en a pas moins été examinée déjà par les tribunaux administratifs et par la Cour de cassation, et résolue dans les arrêts dont je puis citer les dates : 26 mars 1823, 16 février 1824, 7 août 1825 et février 1834. (Interruptions et bruit.)

Il a été reconnu que l'on ne pouvait avoir aucune espèce d'action en indemnité.

Permettez-moi de vous citer un exemple.

Après cette lutte gigantesque que l'on a appelée la guerre de sécession dans les Etats-Unis, on s'est demandé si on pourrait exercer une action en indemnité contre l'Etat.

On n'a pas hésité à répondre qu'aucune espèce de recours ne pouvait être accordé à ceux qui avaient souffert de cette guerre.

Plusieurs membres.— C'était la guerre civile !

M. MICHEL.— Il y a dans la loi un autre exemple qui peut s'appliquer au moins par analogie. Si le principe que l'on invoque est d'ordre supérieur et n'a besoin d'être inscrit dans aucune loi, pourquoi la Convention a-t-elle cru devoir en édicter une, pour proclamer la responsabilité des communes, le 10 vendémiaire an IV?

Je sais qu'on soutient qu'il ne s'agit pas de la solidarité ordinaire ni de l'application des règles du droit commun, et qu'à vos yeux peut-être c'est là une discussion terre à terre peu digne de votre attention. Il s'agit, dites-vous, de la solidarité politique et de l'unité nationale.

Eh bien, permettez que je réponde en quelques mots à l'argument qui a été produit tout à l'heure à ce sujet par M. le rapporteur.

Il faut d'abord s'entendre sur le sens même des mots et des expressions, et savoir à quelle idée ils peuvent correspondre.

Vous parlez de solidarité politique, vous la mettez sur la même ligne que l'unité nationale.

Dieu me garde de dire quoi que ce soit qui

puisse porter atteinte à ce principe de l'unité qui fait notre force et notre grandeur ! Mais, jusqu'à présent, des événements de la nature de ceux que nous avons été obligés de subir se sont produits ; la solidarité politique dont vous parlez ne date pas d'aujourd'hui, pas plus que notre unité, et je ne sache pas que par cela seul qu'on a pensé qu'une action en indemnité n'était pas recevable, il en soit résulté une atteinte à l'unité de la France.

Par solidarité politique, vous voulez entendre le lien qui embrasse tous les membres d'une société pour les placer ou plutôt les subordonner à l'action de l'Etat de manière que tout découle de lui et que tout remonte à lui. Eh bien, cette solidarité, ou plutôt cette collectivité solidaire, n'offre que des périls ; et, pour ma part, je la répudie.

Un membre. — C'est le communisme !

M. MICHEL. — Et, remarquez-le bien, ce principe de solidarité est tellement faux qu'après en avoir proclamé la nécessité, la commission recule devant son application.

En effet, la solidarité politique, dit-on, découle d'un principe de justice et d'équité. Ce sont là les principes générateurs de votre solidarité, soit, je le veux bien.

Mais alors pourquoi faites-vous vous-mêmes des distinctions ? Pourquoi dans votre rapport et à cette tribune dites-vous que vouloir réparer tous les maux de la guerre serait aller à l'infini ? Vous établissez vous-mêmes des limites. Est-ce bien de la justice solidaire ? Vous faites une distinction entre les dommages directs et matériels et les dommages indirects.

Or, pour peu qu'on ait souffert dans sa propriété, on a acquis le droit de demander d'être indemnisé ; mais si on a le malheur de ne pas avoir de propriété, on n'a plus aucun droit. Et pourtant on peut avoir souffert et peut-être avoir été ruiné d'une autre façon. Ainsi une industrie, par suite de la guerre, a été arretée, un commerce a été complétement anéanti, comment allez-vous réparer ces désastres ?

Il y a mieux : on peut ne posséder absolument rien, n'avoir ni propriété, ni industrie, ni commerce et être atteint cependant et de la façon la plus cruelle dans tout ce qui constitue la fortune. Un citoyen est immolé parce qu'il sera sorti de sa poitrine un cri patriotique comme celui que fit entendre en face de l'ennemi le chevalier d'Assas, et pour celui-là, il n'y aura aucune espèce de réparation? ces infortunes touchent fort peu la commission ; pour moi, elles m'émeuvent profondément, et à ce douleureux souvenir je sens palpiter mon âme.

Voilà pourquoi je préfère le système de secours par le moyen des secours donnés, non pas comme aumône, mais comme l'accomplissement d'un devoir rigoureux ; aucune commotion ne serait apportée dans nos finances ; vous n'établiriez aucune catégorie ; il n'y aurait pas de distinction à faire. Il ne s'agirait pas de savoir si on donne à ceux qui ont souffert dans leur propriété, ou à ceux qui ont souffert dans leurs intérêts divers. On n'établirait aucun privilége. On commencerait par donner aux plus nécessiteux, et l'on ferait appel au patriotisme de tous ceux qui peuvent se passer des secours de l'Etat. (Bruits confus.)

Enfin, Messieurs, on vous a parlé des précédents législatifs. Permettez moi d'y revenir et de les examiner à mon tour et très brièvement avec vous.

On a cité la loi du 11 août 1792 ; c'est précisément celle dont je veux vous soumettre les principales dispositions.

Dans cette loi, voulant rompre avec le passé, le législateur a pensé que l'Etat devait venir en aide aux victimes de la guerre. Mais dans quelles conditions et dans quelles limites ? Etait-ce comme payement d'une dette forcée, qui doit être acquittée quand même, ou bien était-ce à titre de secours ?

Il me suffira de vous lire quelques articles de cette loi pour que vous soyez fixés :

« Art. 1er. Il sera accordé des secours ou des indemnités aux citoyens qui, pendant la durée de la guerre, auront perdu, par le fait des ennemis extérieurs, tout ou partie de leurs propriétés.

« Art. 2. Tous ceux qui prétendent à un secours ou à une indemnité seront assujettis aux preuves de résidence et autres formalités imposées par des décrets antérieurs à ceux qui ont à recevoir quelque payement aux caisses nationales.

« Art. 3. Seront exclus de tous secours et de toute indemnité, ceux qui auraient refusé d'obéir aux réquisitions légales et qui ne se seraient pas opposés, lorsqu'ils le pouvaient, aux ravages de l'ennemi.

« Art. 9. L'Assemblée nationale pourra seule déterminer, sur le vu des divers procès-verbaux et autres piéces, et d'après un rapport, la nature et la quantité des secours et indemnités.

Enfin, « article 10, — et j'appelle sur celui-là toute votre attention, —les secours et indemnités seront proportionnés à la fortune qui reste aux citoyens après la dévastation, à leurs besoins et aux pertes qu'ils ont éprouvées.»

Vous voyez donc que cette loi ne proclame pas le principe d'une dette ; elle proclame purement et simplement l'accomplissement d'un devoir ; il suffit d'en signaler la date, 11 août 1792, pour reconnaître que c'était cependant un des chaînons de cette solidarité politique que forgeait la Révolution dans son énergie naissante.

Le 16 messidor an II, cette question des secours et indemnités est réglée par un décret; enfin elle reçoit son application pour quelques départements dans un décret du 5 prairial an II. Puis vient la loi de 1793 dont on vous a parlé. La Convention a été beaucoup plus loin qu'on ne l'avait fait par la loi de 1792 ; elle a voulu que des indemnités considérables pussent être payées; mais jamais avec ce principe rigoureux et absolue qui a été posé dans la proposition dont lecture vous a été donnée. Du reste, la Convention, qui payait fort peu, pouvait se montrer fort large dans ses promesses.

Enfin, arrive la loi du 16 avril 1816. L'article 8 est ainsi conçu :

« Sont affectés, outre 10 millions accordés par la loi sur la liste civile, toutes les contributions directes arriérées et dues au 1er janvier 1815, en dégrèvement et secours, par les départements qui ont le plus souffert pendant l'occupation militaire de 1815. »

Vous voyez qu'à cette époque-là ce sont des secours qui ont été donnés; et, il faut bien le dire, ils l'ont été d'une façon fort restreinte, puisque ce sont des dégrèvements qui ont été attribués, et qu'en outre, le roi a pris sur sa cassette 10 millions, et cependant, nous lui devons cet hommage, c'était un gouvernement réparateur.

Sommes-nous aujourd'hui dans une meilleure situation, sommes-nous en état de payer plus facilement qu'en 1815 ?

Aujourd'hui, la France est atteinte d'une douloureuse anémie, anémie morale et anémie physique, et pour combattre ce double caractère, si en politique vous devez au malade les plus grands ménagements, je ne crains pas de dire qu'en finances il faut que vous vous montriez sévères et rigoureux. Ce n'est qu'à cette condition que nous pourrons sauver et relever notre malheureux pays.

Enfin, Messieurs, il me reste un dernier document sur lequel, en terminant ces observations, j'appelle toute l'attention des membres de l'Assemblée.

En 1834, après la formidable insurrection de Lyon, un projet de loi fut porté devant la Chambre des députés. On voulait que les dégâts causés par cette insurrection fussent réparés par l'Etat.

Le ministre qui devait soutenir le projet de loi, déclara tout d'abord qu'il ne pouvait être question d'indemnité, et que ce serait la première fois que, en pareille matière, un mot pareil serait prononcé devant une Assemblée législative ; puis, un amendement fut proposé par M. Pelet (de la Lozère), et à la suite de cet amendement, un homme dont le nom fait et fera longtemps encore autorité en ces matières, M. Dupin aîné, prit la parole et fit des observations qui s'appliquent à la fois à la guerre civile et à la guerre étrangère.

Je vous demande la permission, Messieurs, de vous donner lecture de quelques lignes du *Moniteur universel*, dans lesquelles est rapportée l'opinion de M. Dupin.

Sur plusieurs bancs. — Lisez ! lisez !

M. Michèl, lisant. — « *M. le ministre de l'intérieur*. Je dois à l'Assemblée quelques explications sur les motifs qui ont décidé le Gouvernement à apporter le projet de loi actuellement soumis à votre discussion. Assurément, s'il eût été question d'indemnité, le Gouvernement en eût repoussé l'idée, et il ne vous aurait jamais présenté un projet qui aurait contenu une expression de ce genre ; mais il s'agissait d'une grande infortune qu'on ne pouvait pas imputer à la ville de Lyon, victime innocente ; le Gouvernement ne pouvait pas se montrer insensible, il a pensé que les Chambres partageraient ses sentiments ; il ne s'agit pas de réparer tous les dommages, mais de donner un secours.

« *M. Pelet* (de la Lozère). — Je propose de rédiger l'article 1ᵉʳ du projet de loi de la manière suivante :

« Il est ouvert au minstère de l'intérieur un crédit d'un million, sur l'exercice 1834, pour être distribué, à titre de secours, à ceux dont les propriétés ont souffert à Lyon dans le courant d'avril et qui se trouvent dans la position la plus malheureuse, sans que, toutefois, la somme totale des secours puisse exéder le tiers de la perte régulièrement constatée.

M. Dupin. — Je demande la parole. (Mouvement.)

« Je combattrai l'amendement dans toutes les hypothèses...

Un membre, à gauche. — Il s'agit ici de guerre civile et non d'invasion étrangère.

M. Michel. — Laissez-moi vous donner l'opinion de M. Dupin.

M. de Tillancourt. — Cela n'a pas de rapport avec la question.

M. Michel. — Ecoutez ! vous verrez que cela a du rapport avec la question.

Sur plusieurs bancs. — Continuez! continuez!

M. Michel. — Voici l'opinion de M. Dupin :

« Je combattrai l'amendement dans toutes les hypothèses : il ne peut être admis ni par ceux qui veuleut accorder le secours, ni par ceux qui voudraient le refuser.

« Il ne peut pas être admis par ceux qui veulent accorder le secours, car sans doute il ne serait pas dans leur intention de secourir seulement ceux qui auraient éprouvé une seule espèce de malheur, c'est-à-dire éprouvé un dommage dans leurs propriétés, quand ils en ont, et de ne pas secourir ceux qui avaient déjà le premier de tous les malheurs, celui de n'avoir pas de propriétés.

« En effet, on peut avoir souffert dans sa maison et avoir encore une terre ; on peut avoir souffert dans le corps de sa fabrique et avoir encore des capitaux ; au contraire, on peut avoir éprouvé dans des événements comme ceux de Lyon des malheurs tels que, sans avoir perdu aucune propriété, on soit plus malheureux que celui qui aurait perdu la plus grande partie de sa fortune.

« Je repousserai encore l'amendement dans un autre système : c'est qu'il fait perdre à la loi ce caractère de secours qui seul pourrait le faire admettre par ceux qui le voteront, ce caractère de secours personnel accordé, non à la propriété, mais au malheur et à la personne et non à titre d'indemnité ; car ce serait entrer dans une voie ruineuse et dangereuse pour l'Etat que de vouloir rebâtir les maisons qui auraient péri dans l'émeute, même en y contribuant pour un tiers, ce qui appellerait une expertise ; car pour savoir si on n'excède pas le tiers, il faut savoir la valeur du tout. Vous entreriez dans une voie pernicieuse pour l'Etat, puisque, en cas d'émeute, chacun regarderait sa maison comme assurée et dirait : C'est l'Etat qui me la payera. Eh bien, si vous rebâtissiez la maison qui aura souffert dans une émeute, à plus forte raison faudra-t-il rebâtir celle qui aura péri dans un cas d'invasion et de guerre.

« *M. Odilon Barrot.* — A plus forte raison !

« *M. Dupin.* — Oui, à plus forte raison ; si vous admettiez un pareil principe, vous détruiriez le droit des gens, car l'ètranger assiégeant une ville ne se bornerait plus à faire sauter les remparts et les édifices ; il cesserait de ménager les propriétés des particuliers, parce qu'il saurait qn'en détruisant les maisons, il ne ferait pas seulement tort à la propriété privée, mais qu'il ruinerait l'Etat lui-même qui aurait mis au rang de ses lois l'obligation de réparer les dommages particuliers.

« Après la guerre, il faudrait liquider les dommages de chacun, et l'Etat, déjà grevé par les charges publiques, se trouverait encore accablé sous le poids d'indemnités privées. Ainsi le projet et l'amendement, quelque honorables et pures que soient les intentions de celui qui en est l'auteur, ne me parait pas remplir les vues qui probablement l'animaient en le proposant.

« Je ne puis l'adopter dans aucune des hypothè-. ses qui pourraient faire passer le projet. Je le repousse donc. » (Mouvement d'adhésion.)

Plusieurs membres. — Tout cela est étranger à la question actuelle !

M. Michel. — Je comprends que si je n'apportais à cette tribune qu'une opinion personnelle, l'Assemblée ne voulût pas même m'écouter; mais quand elle est corroborée de celle d'un homme comme M. Dupin...

Voix diverses. — Il parlait au point de vue de la guerre civile ! — Il n'avait pas à s'occuper de faits de guerre étrangère !

M. Michel. — Il me semble que je devrais rencontrer plus d'attention pour cette lecture.

Divers membres. — La citation est étrangère à la question !

M. MICHEL. — Messieurs, j'avais eu, je l'avoue, l'ingénuité de croire que, en écoutant religieusement pendant cinq ou six mois les orateurs qui sont montés à cette tribune, sur les diverses questions soumises à l'Assemblée, j'avais acquis le droit de pouvoir un jour me faire entendre dans une question d'une importance aussi grande que celle qui nous occupe en ce moment, et émettre une opinion qui avait pour elle l'autorité de M. Dupin, l'autorité de la Cour de cassation, l'autorité de la loi. (Bruit et mouvements divers.)

Eh bien, puisque vous y tenez, je descends de la tribune... (Non! non! — Parlez! parlez!)

Je ne veux pas qu'on puisse se méprendre sur les sentiments qui m'ont animé : j'ai obéi à un devoir en venant combattre le projet tel qu'il vous est présenté.

Comme citoyen, je voudrais que l'on pût réparer immédiatement tous les désastres de la guerre; mais comme législateur, j'ai un autre devoir à remplir: sentiments et sympathies, tout chez moi doit se taire devant l'intérêt public. Telle est la règle que je me suis imposée en venant m'asseoir au milieu de vous, et j'espère y rester fidèle. (Approbation sur divers bancs.)

M. LOUIS PASSY. — Messieurs, l'exposé si complet que vous a fait M. le rapporteur semble me dispenser de traiter la question au point de vue théorique et au point de vue pratique. Je dis au point de vue théorique, puisque M. Albert Grévy vous a nettement indiqué les raisons pour les-

quelles nous pensons que des indemnités sont
dues pour les contributions de guerre, les amendes, les réquisitions et les dommages directs. Je
dis également au point de vue pratique, puisqu'il a mis sous vos yeux le premier résultat de
l'enquête sommaire dressé par M. le ministre de
l'intérieur et qu'il a constatée le montant des
sommes qui sont en ce moment l'objet des réclamations officielles.

Dois-je maintenant suivre l'honorable préopinant sur le terrain qu'a déjà parcouru M. Albert
Grévy? Non. Mes honorables prédécesseurs se
sont mutuellement répondu. Cependant, il est
une question sur laquelle je ne voudrais pas accepter le débat, c'est l'assimilation qu'on prétend
faire de la guerre civile et de la guerre étrangère.
Je veux tout de suite distinguer ces deux cas absolument, et je dis qu'il ne faut pas argumenter
de l'un à l'autre. Dans les circonstances actuelles
je ne peux pas admettre qu'on les confonde.
(Très bien ! très bien !).

Je regrette, Messieurs, de n'avoir pas usé le
premier de mon tour de parole, car je vais trouver un peu de difficulté pour défendre ma cause,
ne voulant pas répéter beaucoup de bons argu-
ments qui ont été déjà donnés. Cependant toutes
les raisons ne sont pas épuisées, et j'espère en
trouver de nouvelles dans une exposition historique, quelque rapide qu'elle soit, du principe de
la solidarité. (Parlez ! parlez !)

Ne vous effrayez pas, Messieurs, si je suis obligé, dans cette grave discussion, de me placer
tout de suite, pour appuyer mes conclusions,

au milieu de l'ancien régime et de la société du dix-septième et du dix-huitième siècle. (Oh! oh!)

Messieurs, il est nécessaire de comparer le présent et le passé pour les comprendre l'un et l'autre.

Pénétrez l'organisation sociale et politique de l'ancien régime et vous trouverez qu'avant 1789, l'unité nationale n'était pas consommée, et que la question de la solidarité, qui est l'effet même de l'unité, ne pouvait pas être posée en droit et appliquée en fait. Ouvrez les auteurs qui, à cette époque, ont traité du droit des gens et de la politique, et vous verrez que le souverain a seul le droit de faire la geurre et d'en tirer, au point de vue de la propriété privée et du domaine public, toutes les conséquences qu'il lui plaît.

Par conséquent, j'écarte absolument la doctrine que soutiennent nos honorables contradicteurs; elle m'est suspecte parce qu'elle est exposée formellement dans les traités de Grotius et de Vattel et qu'elle ne s'inspire, en définitive, que des mœurs, des idées et des intérêts d'une société qui n'est plus.

Plaçons-nous au contraire dans cette crise suprême où tout va changer et où un droit nouveau s'élève.

Avant 1789, comme je le disais, le souverain était, au moins en théorie, maître de la vie et de la fortune de ces sujets. (Exclamations et protestations sur un grand nombre de bancs.)

M. Paris. — Sous Pharamond !

M. Louis Passy. — Permettez !... Sous Louis XIV, Bossuet disait que la limite de la puissance du prince est l'intérêt propre qu'il a de ne pas ruiner ses sujets... (Nouvelles interruptions.)

M. LE BARON DE LARCY, ministre des travaux publics. — Ajoutez à l'intérêt du souverain le respect de la justice !

M. LOUIS PASSY. — Oui, et aussi le respect de la justice.

M. LE MINISTRE DES TRAVAUX PUBLICS. — Bossuet ajoutait : « et la crainte de Dieu! »

M. LOUIS PASSY. — Il est incontestable, Messieurs, qu'avant 1789, je le répète, l'unité morale et matérielle de la France, basée sur l'égalité civile, n'était pas accomplie, et que la solidarité ne pouvait être, à cette époque, ni conçue, ni invoquée.

Du sein de la société du dix-huitième siècle, des voix s'élèvent. Montesquieu, découvre que le droit de paix et de guerre doit appartenir à la nation ; Rousseau écrit le *Contrat social* ; enfin, l'Assemblée constituante se prépare, se réunit, et dès le mois d'août 1789, par la voix de Mirabeau, elle proclame les droits de l'homme et du citoyen, Dans cette déclaration se trouve le germe du droit nouveau. Dès lors, la nation est maîtresse d'elle-même; le but le l'association politique est la conservation de la propriété et de la sécurité des intérêts; nul ne peut être privé de sa propriété sans une juste et préalable indemnité ; les représentants de la nation décident la guerre ; ils ratifient les traités de paix. La guerre est un cas de responsabilité, et la responsabilité conduit tout droit, avec la proportionnalité de l'impôt, à la solidarité de la nation devant les charges publiques.

Est-il donc si étonnant que la Convention ait tiré de ces principes des conséquences logiques et qu'elle ait, au cas particulier de la réparation des dommages en temps de guerre, appliqué la Déclaration des droits de l'homme et du citoyen ?

Aussi, dans la loi du 27 février 1793, la Convention nationale décrète l'article suivant :

« La Convention déclare, au nom de la nation. qu'elle indemnisera tous les citoyens des pertes qu'ils ont éprouvées ou qu'ils éprouveront par l'invasion de l'ennemi sur le territoire français... »

Dans la séance du 26 mai 1794, la Convention vote un autre décret qui change les modes de constatation d'enquête et de vérification, mais qui confirme pleinement et sans conteste la loi .du 27 février 1793. Le peuple français indemnisera les citoyens lésés de la totalité de leurs pertes, constatées d'ailleurs, je le reconnais, suivant des bases et dans des conditions très justes et très équitables.

Voilà pour la première invasion.

Je passe maintenant à la seconde invasion, à la période impériale et royale, à celle qui attire naturellement tous les regards et dans laquelle on est tenté d'aller chercher des termes de comparaison. L'Empire succombe. Le roi Louis XVIII est aux Tuileries, le baron Louis au ministère des finances. Que va faire la Chambre des députés de 1814 ? M. Riboud, député de l'Ain, demande de la manière la plus formelle qu'on indemnise toutes les personnes qui ont été ravagées par la guerre. Il proclame le principe de l'unité et de la solidarité nationale. Il retourne, sans le dire, aux décrets de la Convention. Un député se lève pour demander la question préalable ; mais la Chambre la repousse ; c'est déjà une victoire qui prouve ses sentiments. Toutefois, elle vote l'ajournement, et cela était tout naturel, car, quelques jours après, le baron Louis devait faire à la Chambres son exposé financier, Il est important de constater que la proposition Riboud, absolument conforme à nos espérances, n'a pas trouvé dans la Chambre une vive opposition, et qu'au contraire, elle y fut accueillie par des applaudissements.

Que vous dirai-je de la séance du 22 juillet et de l'exposé de M. le baron Louis, si ce n'est qu'il ne parlait pas des départements envahis et qu'il prononça ces belles paroles, « que le meilleur moyen de réparer ses malheurs, c'était de les payer. » (Trés-bien ! très-bien !) Mais comment les payer ?

Je l'avoue, le Trésor était, à cette heure, dans le plus déplorable état, et c'est à ce point qu'on regarda comme un succès tout à fait extraordinaire que M. le baron Louis pût émettre dix millions de bons du Trésor.

Cependant la loi de finances du 23 septembre 1814 portait, article 6, que les contributions tant ordinaires qu'extraordinaires de 1813 et de 1814 demeureraient spécialement affectées au payement des réquisitions et fournitures faites pour

les armées, et l'article 7 : « Toutefois, dans les
departements qui ont été le théâtre de la guerre
ou qui auraient été occupés par les troupes alliées, les pertes dument constatées seront prises
en considération et il leur sera accordé tous dégrèvements et secours nécessaires. » Ainsi le baron Louis consentait à exempter, dans certains
cas, les départements envahis des contributions
extraordinaires destinées à payer les réquisitions
et les fournitures qui avaient été faites pour les
armées.

Vous voyez que la question ne fut pas abordée
et jugée par la Chambre ; on n'osa pas discuter
et résoudre la proposition radicale de M. Riboud,
M. le baron Louis se borna à introduire dans la
loi des finances des dégrèvements et des secours.

Les Cent-Jours commencèrent. Napoléon dési-
rant regagner la faveur que l'inaction du baron
Louis sur cette question des dommages-intérêts,
avait fait perdre dans les départements envahis à
la cause de Louis XVIII, décrète, le 6 avril 1815,
la création d'une caisse de l'extraordinaire, destinée à accorder une prime de la moitié de la valeur de toute habitation détruite par l'invasion de
1814.

Vous pensez bien, Messieurs, que le Trésor de
Napoléon était vide, que la mesure ne fut pas ap-
pliquée, et vous savez ce que devinrent les Cent-
Jours !

Louis XVIII revient aux Tuileries, le baron
Louis au ministère des finances; la situation financière est plus grave encore. Les provinces

envahies sont accablées par des masses innombrables. M. Louis est autorisé à assurer, pendant l'année 1815, par voie de réquisition, les subsistances des armées alliées. Ce n'est pas assez. Il prélève une contribution extraordinaire de cent millions, afin de diminuer les charges de l'occupation, qui pèsent uniquement sur les départements envahis.

En mettant d'autorité cette imposition de cent millions pour soulager les départements envahis, le ministre de Louis XVIII ne proclamait-il pas du coup, et peut-être malgré lui, le devoir de secourir une partie du territoire avec l'argent de tous, c'est-à-dire le principe de la solidarité nationale devant l'invasion...

Quelques membres. — Ce n'est pas cela que signifiait cette indemnité.

M. Louis Passy. — Puisqu'il emprunte 100 millions pour pouvoir soulager les provinces envahies.

M. le Ministre des travaux publics. — Tout le monde veut soulager aujourd'hui nos provinces envahies.

M. Louis Passy, — Aussi, quand le baron Louis eut quitté le ministère, le nouveau ministre des finances, le comte Corvetto, le 23 décembre 1815, proposa-t-il de lever des centimes additionnels afin de rembourser les 100 millions d'avances extraordinaires, les impositions locales qu'on avait été obligé d'établir pour la solde, l'équipement et la remonte des troupes étrangères, et pour accorder des dégrèvements aux départements qui avaient le plus souffert des derniers événements,

La Chambre déclara que la contribution de 100 millions était un impôt de guerre, et qu'elle serait remboursée en rentes de l'Etat. Ce qui revient à dire qu'indépendamment des dégrèvements de contributions, l'Etat aliéna un capital de 100 millions en rentes pour payer les charges de l'occupation dans les départements envahis?

Il est donc vrai qu'en 1814 et 1816 le grand travail de la liquidation de l'invasion se fit par les départements et sur les départements, plutôt que par l'Etat et sur l'Etat; il est vrai que le roi sur sa caisse, et non le ministre sur le Trésor, vint au secours de la Champagne ruinée : mais les tempéraments, les réserves, le silence du gouvernement de la Restauration, en cette occasion, se justifient par les embarras financiers et n'impliquent pas sur le principe un jugement décisif que les Chambres auraient probablement porté dans le sens le plus généreux et le plus libéral.

Et me voici, Messieurs, arrivé à la troisième et à la plus douloureuse invasion ! Hélas, nous sommes à Bordeaux dans les angoisses des préliminaires de paix. L'Assemblée sonde les plaies de la France, elle cherche le remède à ses maux.

Une commission de quarante-cinq membres est formée. Elle fait un rapport qu'elle croit patriotique de ne pas publier, mais elle est unanime pour constater les souffrances et les ruines de l'invasion, pour proclamer l'intérêt social, la nécessité politique, la justice absolue d'une réparation directe et immédiate.

Autorisée par vous, elle ouvre une enquête. A ce moment, nos honorables collègues de la Meurthe déposent la proposition qui tend à faire supporter par la France entière toutes les charges de l'invasion.

M. le ministre des finances s'élance sur le télégraphe pour demander immédiatement à tous les intéressés l'état des pays envahis !

Il semble que tous les cœurs soient réunis. Nous sommes d'accord. L'Assemblée et le Gouvernement veulent une réparation.

Ici, Messieurs, se place un incident capital, et je vous demande la permission d'en tirer un argument.

Au début des négociations qui ont précédé la signature des préliminaires de paix, M. de Bismarck réclamait à la France six milliards.

Plus tard, M. de Bismarck n'exigea plus que cinq milliards. Pensez-vous que le chancelier de l'empire allemand se soit contenté de cinq milliards s'il n'avait pas su tirer, de cette concession apparente, un avantage quelconque? Il se résigna à cinq milliards sous cette condition qu'on n'éléverait aucune contestation, qu'on ne dresserait aucun compte pour tout ce qui serait l'objet de réclamations à l'égard de faits antérieurs aux préliminaires de paix. Et cela est tellement vrai que je pourrai invoquer le témoignage de M. le ministre des affaires étrangères, le témoignage des membres de la Commission chargée de conclure la paix, qui nous ont donné cette nouvelle à Bordeaux, et enfin la conduite même du Gouvernement qui a fait dresser le questionnaire du ministre de l'intérieur en distinguant les faits antérieurs et les faits postérieurs aux préliminaires de paix.

Supposez que, dans les négociations qui auraient dû précéder le traité de paix, nous ayons gagné trois, quatre, ou cinq cents millions; à qui ces cinq cents millions auraient-ils profité? A l'Etat? Non; mais aux départements envahis qui en avaient fait l'avance. (Très bien! très bien!)

Nous avons donc, dans une certaine mesure, une créance sur l'Etat, je ne dirai pas d'un milliard, bien entendu, mais une créance s'élevant au montant de nos demandes dûment justifiées. (C'est cela!) Je le répète, sur le sixième milliard, nous avons nous, départements, communes, habitants des pays envahis, nous avons droit et compte vis-à-vis de l'Etat, quoique cependant, dans la vivacité de nos plaintes, nous soyons des patriotes et que nous ne prétendions pas tout absorber et séparer l'intérêt particulier de l'intérêt général. (Très bien! très bien! à gauche. — Rumeurs sur quelques bancs à droite.)

Eh bien. Messieurs, si je considère depuis ce moment la marche du Gouvernement et la marche de l'Assemblée, je les vois tous les deux marcher d'un même pas, avec les mêmes sympathies et avec le même accord. Oui, comme l'a dit M. le rapporteur, la commission des principes, si je puis dire ainsi, la commission Claude s'est entendue avec M. le ministre des finances, qui nous a toujours accordé son bienveillant concours, et, assurément. c'est quelque chose que de pouvoir dire : nous avons avec nous M. le ministre des finances.

M. LE CHEF DU POUVOIR EXÉCUTIF. — Qui vous a dit cela ?

M. LOUIS PASSY. — Qui m'a dit cela ? M. le ministre des finances. (Rires et interruptions.)

M. LÉ CHEF DU POUVOIR EXÉCUTIF. — Dans quels termes ?

M. LOUIS PASSY. — J'invoque le témoignage de M. le rapporteur et de la commission.

M. LE CHEF DU POUVOIR EXÉCUTIF. — Vous avez dit que vous étiez d'accord aves moi. Je ne m'é-tonne pas que vous puissiez croire l'être avec M. le ministre des finances !

M. LÉON DE MALLEVILLE. — C'est une erreur !

M. LOUIS PASSY. — Ce n'est pas une erreur, monsieur de Malleville. Je crois mes collègues lorsqu'ils me disent que M. le ministre des finances a été appelé dans la commission, qu'il a suivi leurs travaux et qu'il adhère au principe...

M. LE CHEF DU POUVOIR EXÉCUTIF. — Au principe d'un soulagement !

M. LOUIS PASSY. — La question me semble trop délicate pour continuer à la traiter, et à la traiter personnellement. Je renvoie M. le ministre des finances devant la commission.

Maintenant, ce que je puis dire, c'est que j'étais d'accord avec le ministère de l'intérieur. Cela, on ne peut le nier. La commission des faits; la commission chargée de préparer le bilan des départements envahis n'a jamais pensé qu'elle pût faire ce travail à elle seule. Elle a cherché à s'associer aux efforts, aux bonnes volontés du Gouvernement. Nous avons agi d'accord. Rien ne m'empêche de vous conter que M. le secrétaire général du ministère de l'interieur est venu dans le sein de la commission, qu'ensemble nous avons rédigé la circulaire du 11 mars, qui crée des commissions cantonales.

Ainsi donc, d'un côté, nous croyions être d'accord avec M. le ministre des finances, et, de l'autre, nous croyions l'être également avec M. le ministre de l'intérieur.

M. LE CHEF DU POUVOIR EXÉCUTIF. — Et même avec moi.

M. LOUIS PASSY. — Je dirai à l'illustre Chef du pouvoir exécutif que nous ne pouvions pas supposer que lui, le grand écrivain de la Révolution française, et l'homme des principes de 1789, préférerait prendre ses exemples dans la conduite du baron Louis plutôt que dans la Déclaration des droits de l'homme et du citoyen. (Marques d'assentissement à gauche. — Rumeurs sur plusieurs bancs à droite.)

Permettez, Messieurs! nous l'espérions; je l'espérais. Vous ne pouvez pas défendre à un homme qui pense avec sincérité et qui parle avec ardeur, vous ne pouvez pas lui défendre d'espérer que le chef du Gouvernement partage sa conviction. (Très bien!)

Il se peut que j'aie tort; je veux bien dire qu'il y a des raisons de doute, puisque je suis en désaccord avec M. le Chef du pouvoir exécutif, mais enfin, jusqu'au moment où je serai convaincu, je conserverai l'espoir de pouvoir le toucher, vous toucher, Messieurs, et vous amener à déposer dans l'urne un bulletin qui nous soit favorable. C'est tout ce que je demande. (Très bien! très bien ! à gauche.)

Eh bien, Messieurs, voilà donc la situation : ce que je vous ai dit historiquement, je vais le formuler juridiquement.

Dans toute nation moderne, la solidarité existe, et elle ne peut pas ne pas exister. Ce qui est obscur et ce qui est vague, c'est la manière dont la solidarité s'exerce, et le moment où elle s'exerce.

Tout s'éclaire, si l'on veut bien admettre avec moi que le principe de la solidarité, pour produire des droits et des devoirs, pour engendrer des conséquences juridiques, doit être mis en exercice dans un but déterminé par les représentants de la volonté nationale. Si le principe de la solidarité couvre tous les cas de la guerre, c'est qu'il y a dans la guerre un effort irrécusable de la volonté nationale, c'est que la guerre est l'expression la plus haute et une forme prévue du pacte national, et de là je tire cette conséquence, qui, permettez-moi de le dire, peut tout concilier : c'est que les droits créés dans l'intérêt national par les représentants qui ont décidé la guerre, peuvent être réglés et limités, dans l'intérêt national, par les représentants qui liquident la guerre.

Donc, vous pouvez parfaitement proclamer le principe de la solidarité nationale, sans engager vos finances au-delà du possible, puisque vous, représentants de la nation, vous restez les maîtres de liquider l'invasion au point de vue privé, comme vous l'avez fait au point de vue public.

Pour vous faire saisir ma pensée, je prends une comparaison.

Quand il y a une faillite, vient-on contester les titres des gens? Non. Pourtant les paye-t-on toujours intégralement? Non.

M. LE MINISTRE DES TRAVAUX PUBLICS. — Cela s'appelle une banqueroute !

M. LOUIS PASSY. — Ne me parlez pas de banqueroute, mais de concordat, et nous nous entendrons.

Croyez-vous que le système que nous combattons n'aura pas aux yeux des populations beaucoup plus les apparences d'une banqueroute? Parce que vous leur aurez dit qu'on ne leur doit rien, les persuaderez-vous ?

Je veux qu'on reconnaisse ce qu'on doit et qu'on paye ce qu'on peut, et j'en reviens toujours à la parole du baron Louis : « Il faut racheter nos malheurs en sachant les payer. (Très bien ! très bien ! de divers côtés.)

J'aurais encore sur la question de la guerre bien des choses à dire ; mais je dois me borner et répéter que la guerre n'est pas un cas de force majeure, mais un cas de responsabilité matérielle et morale, Elle ne dérive pas d'une cause naturelle et inévitable, mais d'une cause morale et personnelle, non pas d'un hasard de la nature, mais du fait de l'homme.

La guerre n'est pas un cas de force majeure. C'est un impôt de sang et d'argent; tout le monde doit le payer. Egalité des droits et des périls entre tous les enfants de la même patrie; égalité des droits entre toutes les parties du territoire ! Voilà l'essence du principe de la solidarité nationale dont nous voulons laisser l'empreinte sur la liquidation de la guerre. (Très bien!)

Eh bien, au moment où l'enquête gouvernementale semble préparer une solution qui nous surprend par un aspect favorable, au moment où nous avons une occasion de nous faire tant d'honneur en faisant un peu de bien et de prouver au pays que l'Assemblée nationale est d'accord avec son Gouvernement, car je veux toujours espérer que M. le Chef du pouvoir exécutif finira par voter comme nous... (Vif assentiment sur divers bancs) vous hésiteriez ! Mais ne vous ai-je pas montré que vous pouvez, en conscience, voter le principe de la solidarité nationale, tout en respectant votre crédit?

M. LE CHEF DU POUVOIR EXÉCUTIF.— Je ne sais pas ce que c'est que ce principe?

M. LOUIS PASSY. — Vous ne savez pas ce que c'est?

M. LE CHEF DU POUVOIR EXÉCUTIF.— Non, je ne sais pas ce que c'est. Quand vous me l'aurez expliqué, je vous dirai si je comprends ou si je ne comprends pas.

M. LOUIS PASSY. — Mais, mon Dieu ! la solidarité, c'est ce principe en vertu duquel tous les habitants d'un même pays sont unis par les liens d'une assurance générale et mutuelle, laquelle assurance ne produit pourtant des conséquences juridiques que dans certains cas déterminés et réglés par les représentants de la nation. (Interruptions diverses.)

Un membre. — La définition n'est pas claire.

M. Louis Passy. — La définition n'est pas claire! Soit ; je vais l'expliquer. Je vois un éclatant exemple de la solidarité nationale dans la brillante et patriotique conduite qu'ont tenue plusieurs de nos honorables collègues ; mes regards en rencontrent quelques-uns, mais je cherche un noble blessé, M. Cazenove de Pradines. Je vois la solidarité nationale dans cette rencontre des noms les plus illustres, les plus aristocratiques de la France sous les ordres de dictateurs républicains, pour sauver la patrie envahie et défendre le drapeau de la France.

Voilà le sentiment de la solidarité.

M. le comte de Bois-Boissel. — Ce sentiment s'appelle l'honneur !

M. Louis Passy. — Et je n'ai plus besoin d'aller chercher d'autres définitions, d'autres raisons, cela me suffit. La solidarilé nationale se montre dans les faits. Elle éclate dans les sentiments. (Très-bien ! très-bien !)

M. le duc de Marmier. — La loi proposée sera la meilleure application d'une patriotique fraternité, trop mal pratiquée jusqu'ici à l'égard de nos départements envahis.

M. Louis Passy. — Non, messieurs, vous n'avez aucun motif pour vous contredire, aucun pour anéantir les espérances que vous avez fait concevoir, aucun pour surexciter par une immense déception les esprits qui ont tant besoin d'être calmés !

Quel effet foudroyant produirait cette déclaration que l'Assemblée nationale hésite à payer les frais, les charges, les souffrances de la guerre ?

Vous n'avez point voulu entendre M. le rapporteur, l'orsque, tout à l'heure, il vous a parlé des indemnités douloureuses que donnent en ce moment-ci les Prussiens dans les provinces qui nous touchent de si près. Je m'arrête ; mais ne sentez-vous pas que l'équité, comme la politique, animent et soutiennent nos réclamations ?

Personne ici ne doit l'oublier, tout le monde doit le comprendre.

Ne nous repoussez pas. Nous qui avons vécu au milieu de l'invasion et qui lui avons tenu tête, nous autres membres des municipalités qui sommes restés exposée aux fatigues, aux périls, aux calomnies ; nous qui avons couvert les populations affolées et terrifiées, avec une persévérance heureuse, nous avons le droit de vous demander pour elle secours, appui et justice.

Croyez-moi, tendez-nous la main, envoyez de bonnes paroles à tous ceux qui, pour des mois et des années sont encore sous le joug de l'invasion, et dites-leur par votre vote : Courage! nous sommes vos frères, nous sommes toujours des Français. (Applaudissements sur divers bancs.)

M. DE VENTAVON. — Messienrs, je ne saurais voir dans cette Assemblée deux partis distincts : les représentants des départements envahis et les représentants de ceux qui ont échappé à l'invasion. Je ne vois ici que des représentants de la France, et j'espère être écouté par tous mes collègues, si j'apporte quelques idées utiles à cette tribune. (Très-bien !)

La plus vive simpathie pour les départements envahis est dans tous les cœurs, et la volonté de réparer les maux de la guerre est dans tous les esprits ; on ne peut différer que sur le choix des moyens. Faut-il vous engager d'une manière illimitée, ou devez-vous, au contraire, voter, sous quelque nom que ce soit, un impôt suffisant pour réparer autant qu'il est en nous les souffrances de nos concitoyens des départements de l'Est ?

Voilà, Messieurs, la question que vous avez à résoudre. (Très bien ! très bien !)

Plusieurs membres. — C'est parfaitement la question !

M. DE VENTAVON. — On pourrait se demander si le moment de cette discussion est bien venu, et si, quand l'ennemi occupe encore le territoire français, nous ne devions pas, avant de relever nos ruines, consacrer nos ressources financières à affranchir le sol de la patrie.

On pourrait encore se demander si nous avons tous les documents nécessaires pour juger sainement la question qui nous est soumise ; et je reporte à ce sujet, avec satisfaction, mes regards sur cette phrase du rapporteur de la commission d'initiative parlementaire, l'honorable comte de Melun.

« Nous savons, disait-il, que le Gouvernement, concurremment avec la commission nommée par l'Assemblée pour rechercher tout ce qui se rapporte aux départements envahis, s'occupe activement de cette étude ; c'est seulement lorsque tout le travail sera terminé et la position financière du pays parfaitement établie, que l'on pourra discuter utilement le projet de loi présenté par nos collègues. »

Mais enfin, Messieurs, puisque la question vous est apportée, discutons-la, discutons-la avec le désir d'arriver au même but, c'est-à-dire celui de secourir ou d'indemniser.

Voix diverses. — Secourir ! Non ! — Indemniser ! Oui !

M. DE VENTAVON. — ...de secourir ou d'indemniser les départements envahis. Sur ce point, quelle est la question qui nous divise ? La commission veut, dès à présent, créer un droit à l'indemnité.

M. EMILE LEROUX. — Reconnaître, non pas créer !

Sur plusieurs bancs à gauche. — Il n'est pas à créer, il existe !

M. DE VENTAVON. — Je voudrais trouver des expressions qui rentrent dans les vues de tous mes collègues; mais, ayant besoin d'expliquer pourquoi vous ne devez pas suivre la commission dans la voie où elle est engagée, il faut bien que je me serve des expressions qui se présentent naturellement à mon esprit.

Je reviens donc sur la position de la question. Nos adversaires, dès à présent, veulent qu'on reconnaisse ou que l'on crée un droit à l'indemnité pour les propriétaires qui ont souffert des dommages directs et matériels; nous, au contraire, nous voulons que l'on vote une somme fixe, quel qu'en soit le chiffre, pourvu que le budget puisse en effectuer un jour le payement; car, je ne saurais, comme l'orateur qui m'a précédé à la tribune, admettre qu'après avoir voté l'indemnité, nous revenions, quand il s'agira d'en fixer le chiffre, sur le vote que nous aurons émis.

Il faut, Messieurs, nous rendre compte du principe qu'on veut faire consacrer ; nous avons également à nous demander si nous n'arriverons pas par une voie plus directe, plus sûre, et, j'ajouterai, plus réparatrice, au but que nous poursuivons en suivant les inspirations dont vous faisait part M. le Chef du pouvoir exécutif, il y a quelques instants, c'est-à-dire en votant dès à présent une large subvention pour les départements envahis, sauf à voter dans les budgets successifs... (Réclamations), ou si vous le préférez, à voter dès à présent un capital plus considérable, en donnant à l'Etat qui devient débiteur quelque terme pour se libérer.

L'indemnité considérée comme un droit, où peut-elle nous conduire ?

Ici, je suis obligé de dire un mot des chiffres qui ont été apportés, car mes honorables contradicteurs ne se sont pas fait faute de rappeler les paroles que j'ai prononcées quand il s'agissait uniquement de faire comprendre l'importance de la question soumise à l'Assemblée.

J'ai dit que, suivant les uns, l'appréciation des dommages s'élevait à un milliard, et suivant d'autres, à trois milliards. Quant au chiffre d'un milliard, voyons s'il était permis à la commission de m'interrompre, il y a huit jours, aussi bruyammeht qu'elle l'a fait. (Rumeurs.)

Suivant M. le rapporteur, le chiffre auquel

s'élèverait l'indemnité demandée par les indemnitaires, ou pour mieux dire celui qu'ont recueilli certaines commissions administratives,
s'élèverait à 668 millions. Mais il faut ajouter
à ces 668 millions l'indemnité qui peut être
due à la ville de Paris. Or, il est un chiffre
connu de tous : la contribution de guerre de 200
millions, que la ville de Paris a payée pour se
racheter de l'occupation prussienne. C'est une
contribution semblable à celles que d'autres
villes de France ont acquittées. Par conséquent,
il est de toute justice qu'elle soit remboursée à
la ville de Paris.

Plusieurs membres. — Certainement ! Pourquoi pas ?

M. DE VENTAVON.—Par conséquent, nous avons
déjà 868 millions.

M. LE CHEF DU POUVOIR EXÉCUTIF. — Et les dégâts !

M. DE VENTAVON. — Il y a encore les dégâts ;
et la difficulté de distinguer les dommages provenant de la guerre étrangère et ceux qu'a causés la guerre civile vient de ce que les ruines,
hélas ! il faut le dire, ont été confondues. Mais il
résulte des renseignements qui m'ont été donnés
par la commission de 45 membres, que tous les
dommages qui entourent aujourd'hui l'enceinte
de Paris, s'élèvent à 200 millions. En partageant
par moitié ce qui peut être relatif à la guerre civile et ce qui serait le résultat de la guerre étrangère, c'est-à-dire en prenant 100 millions, nous
arrivons à 968 millions.

Mais les compagnies de chemins de fer n'ont

pas encore donné leur note, et M. le ministre des travaux publics me faisait l'honneur de me dire, il y a quelques instants, que les compagnies de chemins de fer réclamaient au moins 30 millions. Ajoutez 30 millions à 968 millions et permettez-moi de dire un milliard.

Si j'ai parlé d'appréciations s'élevant à 3 milliards, c'est que j'ai trouvé ce chiffre dans les journaux (Rumeurs.), et dans une brochure que vous avez tous lue, intitulée : *Aperçu du budget de la France*, brochure qui nous a été remise le jour même où la loi était à sa première lecture. L'etat de nos finances se trouvait exposé dans cet opuscule et, après le chiffre des cinq milliards donnés à l'étranger, venait celui de trois milliards pour réparer les désastres de la guerre. (Exclamations en sens divers.)

M. Ducuing. — Il ne faut pas confondre les indemnités avec les réparations.

Un membre au banc de la commission. — C'est une exagération.

M. de Ventavon. — C'est une exagération, dites-vous ; nous sommes heureux, Messieurs, que la commission veuille bien nous en donner la certitude. Mais permettez-moi de vous dire que rien n'est parfaitement connu. Vous avez des chiffres, mais vous n'avez pas encore compté avec les indemnitaires. Vous voulez créer le droit à l'indemnité; mais, pour régler cette indemnité, il faudra nécessairement une juridiction. (C'est cela !)

J'entendais M. le rapporteur dire que dix millions de Français avaient souffert des ravages de la guerre. Je ne dis pas qu'il y aura dix millions de réclamants, mais il faudra les compter par centaines de mille, et créer une juridiction pour apprécier leurs réclamations ; car, si vous n'admettez pas la contradiction, vous vous rangez pleinement à mon avis.

Je veux, en effet, qu'on vote, à titre de secours, une somme fixe, pour que nous soyons toujours maîtres de notre budget, et pour tarir la source de toute contestation ; mais, si vous créez le droit à l'indemnité, l'indemnitaire pourra traduire l'Etat devant les tribunaux, quels qu'ils soient. (Oh ! oh !)

M. LE RAPPORTEUR. — Nous avons offert à M. le Chef du pouvoir exécutif de fixer, dans notre loi, un maximum de 500 millions pour toute la France, Paris excepté, et nous l'offrons encore.

M. DE VENTAVON. — Je voudrais prendre acte de ce que vient de dire M. le rapporteur de la commission, car ce qu'il demanderait maintenant, ce n'est plus le droit à l'indemnité, c'est une somme fixe, comme je le propose, et nous n'aurions plus qu'à nous entendre sur le chiffre.

M. LE RAPPORTEUR. — C'est pour répondre à vos chiffres et montrer que l'application du principe ne dépassera pas 500 millions.

M. DE VENTAVON. — Je disais que, si vous admettez le droit à l'indemnité, il faut que ce droit ait une sanction, et que vous ne pourrez plus imposer à l'indemnitaire le chiffre qu'il vous conviendrait de lui donner. (Très bien ! sur plusieurs bancs.)

Si ce droit doit avoir une sanction, il faut nécessairement créer une juridiction.

Pour la trouver dans les tribunaux ordinaires,
on serait obligé d'en décupler le nombre.

Il faudra donc établir des commissions dans
les départements envahis, c'est-à-dire des jurys
d'expropriation. Or, devant un jury d'expropriation, l'indemnitaire est insatiable.

L'indsmnité est un Protée qui prend toutes les
formes ; le propriétaire d'une maison montrera
des traces de la guerre : sa maison de part en
part sera percée par quelques obus ; il viendra,
avec un rapport d'experts,. démontrer au jury
qu'il est obligé de la rebâtir. (Réclamations sur
quelques bancs. (Assentiment sur d'autres.)

Quand il aura prouvé qu'il doit reconstruire sa
maison, afin d'être complétement indemne, car
c'est le droit que la commission demande pour
lui, il arrivera avec un second rapport d'archi-
tecte établir le chiffre auquel s'élèveront les frais
de construction. Et vous n'en serez pas quittes
encore : il vous dira que, depuis un an, il ne
jouit pas de sa maison, et que, pendant deux ans,
il ne jouira pas de celle qu'il va construire. (C'est
vrai ! c'est vrai !) Puis, quand il aura épuisé cette
première catégorie d'indemnités, son avocat par-
lera de la dépréciation des propriétés environ-
nantes. Enfin, du chapitre des immeubles, on
passera au chapitre du mobilier.

Vous croirez en être quittes ! le locataire viendra recommencer ¡après le propriétaire le même
jeu d'audience. Et voilà comment, sur toute la
surface des départements envahis, les commis-

sions fonctionneront à l'instar des jurys d'expropriation, et puissiez-vous, après leur verdict, ne pas entendre sortir de toutes les bouches ce cri bien connu : « Heureux expropriés. »

Telles sont, au point de vue des chiffres, les conséquences du droit à l'indemnité qu'on vous propose de consacrer.

Et, maintenant, Messieurs, permettez-moi d'examiner un autre côté du tableau.

Ce qu'on vous demande, c'est une indemnité pour les dommages matériels et directs, c'est-à-dire pour les dommages causés à la chose, en d'autres termes une indemnité pour le propriétaire qui a souffert.

Mais, dans nos immenses désastres, ceux qui étaient doués par la fortune d'un patrimoine immobilier, ont-ils été seuls à souffrir, n'y a-t-il pas d'autres infortunes qu'il faut nécessairement secourir ? Un grand propriétaire avait une vaste forêt ; cette forêt a été incendiée, et vous allez lui en payer la valeur. Mais autour de cette forêt il y avait de pauvres bûcherons ; ils ont été obligés de s'expatrier ; ils n'ont pas de pain pour leurs enfants ; est-ce que vous les laisserez sans indemnité ? (Bruit et interruptions sur quelques bancs. — Parlez ! parlez !)

Ce n'est pas tout. Il y a, Messieurs, un principe de haute équité et surtout de haute politique : ce principe écrit dans la loi de 1792, dont on a beaucoup parlé, veut qu'on indemnise surtout ceux qui se sont défendus devant l'ennemi. Eh bien, vous allez placer sur la même ligne l'héroïque ville de Châteaudun, par exemple... (Très bien ! très bien ! — Applaudissements sur divers bancs) et de grandes cités qui se sont laissé occuper militairement, sans résistance, par quelques poignées de soldats prussiens !

M. Emile Leroux. — Comment vouliez-vous qu'on se défendît quand on n'avait pas d'armes ?

M. de Ventavon. — Voilà, Messieurs, les conséquences du droit à l'indemnité. Vous marchez à l'inconnu ; vous ne savez pas de quelle somme, en acceptant aujourd'hui le principe, vous grèverez le budget que vous voterez demain ; tandis qu'avec la proposition que j'ai l'honneur de soumettre à l'Assemblée, celle de secourir les habitants des départements envahis, vous êtes toujours maîtres de fixer le chiffre que vous entendez donner. D'autre part vous accorderez des secours ou des indemnités — le mot m'importe peu — non-seulement pour les dommages matériels, mais pour les dommages personnels, aux familles dont les fils sont restés sur le champ de bataille... (Très bien ! très bien !) à celles qui ont fourni les otages : vous soulagerez, en un mot, toutes les infortunes.

Voilà, Messieurs, les deux propositions en présence ; c'est maintenant à vous de choisir.

Vous voulez de l'argent, dirai-je aux départements envahis, nous vous en donnerons ; seulement permettez-nous d'abord de proportionner le sacrifice à nos ressources, ensuite de nous préserver de ce déluge de contestations qui nous inonderaient le lendemain du vote de la loi, enfin laissez-nous réparer dans la mesure de nos forces les dommages de quelque nature qu'ils soient...

M. Léon de Maleville. — Directs ou indirects ?

M. de Ventavon... — Directs ou indirects, car la règle doit être la même pour tous.

Voilà ce que j'avais à dire pour bien faire comprendre l'importance de la question.

Si cependant le droit était contre nous, si nous devions réellement, il faudrait payer, et je suis de ceux qui, avant de subir la flétrissure d'une banqueroute, voudraient que le pays fît appel à tous les impôts possibles. Mais, devons-nous ? C'est ce que je vais rapidement examiner.

L'indemnité qu'on réclame de vous se rattache à un fait, celui de la guerre de 1870. Il faut donc, avant tout, pour savoir si ce fait donne ouverture à une indemnité, connaître la législation sous l'empire de laquelle il s'est accompli.

Quel était donc, au moment où la guerre a éclaté, l'état de la législation ?

Suivant quelques-uns, la France ne date que de 1789... (Rires à droite), suivant d'autres, elle a un passé glorieux qui remonte à plusieurs siècles. (Très bien !)

Eh bien, que je prenne la législation antérieure à 1789, ou celle qui date de cette époque, j'y cherche vainement ce principe absolu de l'indemnité, je ne le trouve nulle part.

M. le marquis d'Andelarre. — Je demande la parole.

Une voix. — Vous êtes le trentième !

M. de Ventavon. — Si je consulte l'ancienne

législation, si je recherche et ce qui s'est fait et ce qui a été écrit, jamais, — retenez bien ce mot, je le dis d'une manière absolue, — jamais on n'a considéré les ravages de [la guerre comme une dette publique. A toutes les époques, on a secouru ceux qui avaient souffert. — Sous Louis XIV, malgré la pénurie des finances, on a donné des secours, jamais d'indemniiés. Si maintenant j'arrive à la législation posiérieure à 1789, la première loi que je rencontre est celle que j'ai déjà citée, la loi du 11 août 1792. Elle pose le principe d'un secours ou indemnité : ces deux mots sont sur la même ligne, et vous verrez bientôt, par quelques expressions de cette loi, que, dans la pensée du [législateur, le mot indemnité avait la même signification que le mot secours.

Que porte effectivement l'article 3 de cette loi de 1792 ?

« Seront exclus de tout secours et de toute indemnité, ceux qui auraient refusé d'obéir aux réquisitions légales et qui ne se seraient pas opposés, lorsqu'ils le pouvaient,! aux ravages de l'ennemi. »

C'est le principe d'honneur national, auquel je faisais appel il y a quelques instants.

Je lis en outre dans l'article 10 : « Les secours ou indemnités seront proportionnés à la fortune qui reste aux citoyens après la dévastation... »

A droite. — C'est cela ! (Très bien ! très bien !)

M. DE VENTAVON. — « ... à leurs besoins et aux pertes qu'ils auront encourues. »

Plusieurs membres. — Parfaitement ! voilà les principes !

M. DE VENTAVON. — Remarquez-le, Messieurs, — ce sont tous les termes de notre proposition — il faut prendre en considération la fortune de ceux que vous secourez.

Qu-est-ce à dire? Qu'il faut secourir le pauvre avant d'indemniser le riche (Applaudissements à droite), qu'il faut relever la chaumière avant de reconstruire le château... (Nouveaux applaudissements.)

M. CÉSANE. — Il faut rendre les charrues avant de rendre les pendules !

M. DE VENTAVON... — qu'il faut aussi prendre en considération les pertes qui ont été éprouvées par les citoyens.

Voilà le grand principe, celui qui domine encore aujourd'hui.

Je sais bien qu'on cherche dans une loi de 1793 un principe d'indemnité plus général ; mais permettez-moi de vous dire que les indemnitaires de nos départements envahis se trouveraient fort mal indemnisés si l'on suivait le principe de cette loi, car elle pose la règle que la maison détruite ne sera jamais estimée que d'après son revenu cadastral, en le capitalisant, c'est-à-dire à la moitié de sa valeur ; que pour le mobilier l'estimation ne dépassera jamais 2,000 livres. Et enfin tout devait être payé en papier-monnaie. (Rires et applaudissements à droite.)

M. DE TILLANCOURT. — Le papier-monnaie avait toute sa valeur !

M. EMILE LEROUX. — Il n'y avait pas autre

chose alors, et nous ne demandons pas mieux que d'accepter aujourd'hui le papier de l'Etat.

M. Villain. — Oui, nous ne demandons pas autre chose !

M. de Ventavon. — Dieu merci ! il vaut un peu mieux que le papier de 93.

M. Emile Leroux. — Vous savez bien que tout se payait ainsi à cette époque !

M. de Ventavon. — Cependant, malgré les restrictions apportées à l'indemnité, le principe parut dangereux, et la loi vécut peu de temps.

Le 16 messidor an II, il fut décrété par la Convention nationale qu'aucune indemnité définitive pour les pertes éprouvées par suite de l'invasion et des ravages de l'ennemi ne serait accordée qu'en vertu d'un décret rendu après l'examen que les comités des secours publics et des finances auraient fait du travail de la commission des secours.....

M. Emile Leroux. — C'est encore ce que nous demandons !

M. de Ventavon. — Ainsi la Convention nationale supprimait les dispositions trop générales de la loi de 1793 et entendait affranchir l'Etat de toutes réclamations....

Au banc de la commission. — Parfaitement ! Nous le voulons aussi !

M. de Ventavon. — C'est assez dire que, depuis l'an II, il n'y a plus eu qu'à de rares intervalles des allocutions sur les finances de l'Etat pour des faits de guerre. Remarquez d'ailleurs que, d'après cette loi de l'an II, il ne suffisait pas d'entendre le comité des secours, c'est-à-dire de savoir quel était le dommage, mais il fallait aussi consulter le comité des finances, c'est-à-dire savoir si le dommage pourrait être réparé. (Très bien ! à droite.)

Je parcours maintenant très rapidement les autres actes législatifs. Il y a eu, vous a dit l'honorable M. Passy, en 1814, une tentative d'indemnité. Elle n'aboutit pas. Mais plus tard il y eut une allocution dans la loi du 16 avril 1816, qu'on a, je crois, inexactement rapportée, et qui renferme la disposition suivante :

« Sont affectés, outre dix millions accordés par le roi sur la liste civile, toutes les contributions directes arriérées et dues au 1er janvier 1815 à titre de secours et dégrèvement pour les départements qui ont le plus souffert pendant l'occupation militaire de 1815. »

Remarquez, Messieurs, toutes les expressions de cette loi. Ce sont des secours qui sont accordés non pas d'une manière générale à tous les départements envahis, mais à ceux qui ont le plus souffert des ravages de la guerre....

M. LE MARQUIS D'ANDELARRE. — Pardon... Mais il y a d'autres articles que vous oubliez !

Voix diverses. — N'interrompez pas !

M. LE MARQUIS D'ANDELARRE. — Lisez l'article 10 !

M. DE VENTAVON. — ... et les secours consistent d'abord en une libéralité faite par le roi sur sa liste civile, ensuite dans des dégrèvements d'impôts.

De 1816 passons à 1834.

Vous avez prêté peu d'attention au fait qui s'est passé en 1834. Pour en faire comprendre la portée, je suis obligé de dire qu'après la loi de 1816, la jurisprudence du conseil d'Etat s'était entièrement fixée sur ce point que les faits de guerre ne donnent lieu à aucune indemnité.

En voici deux exemples :

Des marchands de bois des environs de Paris avaient vu leurs approvisionnements enlevés par les armées étrangères ; ils avaient perdu 3 ou 400,000 francs, avec cette circonstance particulière que l'ennemi était assisté des maires des communes où étaient situés les entrepôts. Le conseil d'Etat, par un arrêt, dont il a renouvelé la jurisprudence bien des fois, décida que c'étaient des faits de guerre et qu'il n'était dû aucune indemnité.

En 1833, lors du siége d'Anvers, certaines écluses, manœuvrées par ordre de l'autorité militaire, causèrent des dommages considerables. Le conseil d'Etat déclara de nouveau qu'un fait de guerre ne donnait lieu à aucune indemnité.

Vint, en 1834, une demande formée par le Gouvernement à l'occasion des troubles qui avaient éclaté dans la ville de Lyon. Je veux avec vous distinguer la guerre civile de la guerre étrangère, sans que cependant, permettez-moi de le dire, je puisse trouver la raison juridique de cette distinction....(Exclamations à gauche.)

M. LE CHEF DU POUVOIR EXÉCUTIF. — Non ! il n'y en a pas !

Un membre de la Commission. — Mais la guerre civile ne se fait pas au nom de l'Etat !

M. LE CHEF DU POUVOIR EXÉCUTIF. — Comment ! La guerre civile n'est pas faite au nom de l'Etat ?... Ce n'était donc pas l'Etat qui combattait Commuue ?

Au banc de la Commission.— L'Etat n'attaquait pas ! Il se défendait ! (Bruits divers.)

M. DE VENTAVON. — Cependant, je fais cette distinction, Messieurs, pour simplifier la discussion, et afin de donner toute espèce de satisfaction à ceux qui veulent me combattre.

Le ministre qui soutenait le projet de loi renfermant une demande de secours confessa devant la Chambre législative qu'il n'aurait jamais osé prononcer le mot d'indemnité. M. Prelet (de la Lozère) proposa un amendement portant qu'on attribuerait un million à la ville de Lyon, et que ce million serait distribué entre tous les propriétaires qui avaient souffert, de manière à ce qu'ils obtinssent chacun le tiers des dommages encourus· Le tiers des dommages, c'était dans une certaine mesure l'indemnité.

C'est alors, Messieurs, que M. Dupin se leva, combattit l'amendement non pas avec la distinction de la guerre civile et de la guerre étrangère, mais avec ce grand principe que les faits de guerre ne peuvent jamais donner naissance à une indemnité.

Voix à gauche. — Avec ce grand principe d'égoïsme qui était sa devise : Chacun pour soi.

M. DE VENTAVON. — Il donna cette raison qui saisira vos esprits, que le jour où l'ennemi ne serait plus arrêté par le sentiment naturel de ne pas causer de dommage à un simple particulier, le jour où il saurait que par un principe de droit national tous les citoyens sont indemnisés des ravages de la guerre, l'ennemi, afin de ruiner l'Etat, commettrait les plus grandes dévastations. (Exclamations sur divers bancs.)

M. Amédée Lefèvre-Pontalis *et autres membres*. — Vous trouvez donc qu'il n'en a pas encore fait assez?

M. de Ventavon. — Je répète, Messieurs, les paroles de M. Dupin, et les paroles de cet orateur n'étaient pas ordinairement accueillies par des murmures.

Sur plusieurs bancs. — Parlez! Continuez!

M. de Ventavon. — J'arrive à un dernier document, c'est le décret du 10 août 1853, rendu en exécution de la loi du 10 juillet 1851, loi faite par l'Assemblée législative.

Voici ce que porte l'article 59 du décret de 1853 :

« Toute occupation, toute privation de jouissance, toute démolition, destruction ou dommage résultant d'un fait de guerre ou d'une mesure de défense prise, soit par l'autorité militaire pendant l'état de siége, soit par un corps d'armée en présence de l'ennemi, n'ouvre aucun droit à indemnité. »

M. le Rapporteur. — Dans la zone militaire, autour les place de guerre !

M. de Ventavon. — Remarquez bien, Messieurs, ces expressions :

« Un fait de guerre n'ouvre aucun droit à indemnité. »

J'entends M. le rapporteur me dire : « Dans une zone militaire ! »

Il se trompe complétement et me fournit un argument.

Le décret est général ; il dit :

« Toute occupation, toute privation, tout dommage résultant d'un fait de guerre ou d'une mesure de défense prise par un corps d'armée en face de l'ennemi, n'ouvre aucun droit à indemnité. »

M. Amédée Lefèvre-Pontalis. — A quel propos le décret a-t-il été rendu ?

M. le Chef du pouvoir exécutif. — Lisez l'article, vous verrez qu'il exclut les suppositions de M. le rapporteur : « ... soit par un corps d'armée, en présence de l'ennemi. »

M. de Ventavon. — Je disais que M. le rapporteur me fournissait, par son interruption, un argument.

Il a été rendu, en effet, plusieurs lois sur les indemnités de guerre, relatives soit aux plans de guerre, soit à l'occupation temporaire des terrains. Or, ces lois qui, dans un grand nombre d'articles, ont prévu les difficultés de toute nature qui pouvaient s'élever, n'ont jamais parlé des ravages causés par l'ennemi.

Il faut donc s'incliner devant un fait : c'est que la législation, sous l'empire de laquelle la guerre de 1870 s'est faite, n'attribue aux provinces envahies et dévastées par les ravages de la guerre aucune indemnité.

Voilà le droit. (Mouvements en sens divers.)

Un membre. — Nous ne sommes pas ici devant le conseil d'Etat !

M. de Ventavon. — J'avais l'honneur de vous

dire que, si la législation antérieure à 1870 avait consacré le droit à l'indemnité, il faudrait la payer ; mais, puisque cette législation est entièrement contraire à ce principe, nous avons à nous demander si, dans les circonstances actuelles, nous devons souscrire au projet de loi qui nous est proposé.

Ici, Messieurs, je rencontre deux objections. La première peut se formuler dans les termes suivants : cette guerre insensée est un fait national, — telles sont les expressions dont M. Albert Grévy s'est servi dans son rapport ; — il faut donc, suivant lui, que les désastres que la guerre a entraînés soient à la charge même de l'Etat.

Permettez-moi de vous dire que, pour qu'un fait donne naissance à indemnité, il faut qu'il soit accompagné d'une faute. (Exclamations à gauche.)

Voix diverses. — C'est bien subtil ! — Quelles arguties !

Un autre membre. — Une grande faute n'a-t-elle pas été commise ?

M. DE VENTAVON. — Messieurs, je crois être dans la vérité de la question.

Sur divers bancs. — Parlez ! parlez !

M. DE VENTAVON. — Sur qui donc retombe la responsabilité de nos désastres ?

Suivant les orateurs que nous avons entendus depuis que nous sommes réunis à Bordeaux, nos malheurs auraient des causes diverses. D'après un illustre général, nous n'étions pas pêts ; un second orateur a dit : le plan de campagne était mal conçu et la guerre a été mal conduite ; suivant les uns, on a fait la guerre trop tôt ; suivant les autres, on l'a faite trop tard... (Nouvelles exclamations.)

M. LAURIER. — Formez une demande en dommages-intérêts contre l'empereur des Français !

M. DE VENTAVON. — Je disais que d'après les uns on a fait la guerre trop tôt ; que, d'après les autres, on l'avait faite trop tard, et qu'on aurait dû commencer les hostilités en 1866.

Enfin un homme d'Etat vous a dit, avec l'autorité qui s'attache à ses paroles, que nous avions succombé, parce que nous n'avions point d'alliés.

Cela nous a paru à tous d'une évidence extrême ; seulement l'orateur ne nous a pas dit à quel moment nous avons perdu nos alliés ; permettez-moi de suppléer à son silence sur ce point.

Nous avons perdu nos alliés en 1830. (Bruyantes exclamations et rires à gauche. — Applaudissements à droite.)

Oui, c'est à cette époque que nous avons perdu nos alliés naturels. Vous voyez que la responsabilité remonte bien loin. (Mouvements divers.)

La guerre, Messieurs, est un fléau que la justice divine a semé sur les pas de l'humanité, afin de rappler l'homme à ses devoirs, et pour que, dans l'excès de ses maux, il tourne ses regards vers Dieu, espérance suprême de tous les opprimés. (Nouveaux applaudissements à droite.)

On a voulu, à toutes les époques, conjurer cette calamité, et la Restauration avait doté l'Europe d'une institution qui semblait être un gage de paix universelle ; je veux parler de la Sainte Alliance. (Rires ironiques à gauche.)

Les traités qui remontent à la même époque avaient entouré le pays d'une multitude de petits Etats, comme pour former une barrière contre l'invasion.

Quelques membres. — Ce n'est pas la question !

D'autres membres. — Parlez ! Parlez !

M. DE VENTAVON. — Mais qu'est-il arrivé ? La Sainte-Alliance a soulevé toutes les colères du faux libéralisme de l'époque, et c'est l'épée de la France qui, dans le midi de l'Europe, a groupé sous un sceptre unique tous les petits Etats ; quant au Nord, c'est encore la France qui, par son acquiescement et même par son approbation, a laissé former la confédération allemande. (Interruptions diverses.)

M. BUFFET. — Quel rapport cela a-t-il avec la question ?

M. DE VENTAVON. — Vous voyez que les causes de nos désastres sont nombreuses.

M. BUFFET. — Subissons-les ensemble !

M. DE VENTAVON. — Il est parti de cette tribune bien des paroles amères contre le passé. La guerre est-elle une faute ? Messieurs, quand la guerre est malheureuse, elle est toujours une faute ; quand la guere est heureuse, elle est toujours un acte glorieux. (Vives réclamations à gauche.)

Un membre à gauche. — Elle est toujours immorale !

M. le Président.— Je vous engage à ne pas interrompre.

M. de Ventavon. — C'est ainsi, Messieurs, que raisonnent les peuples ; et quand je vois, dans le sein de cette Assemblée, tant d'agitation, je demande à ceux qui m'interrompent de me répondre en plaçant leur main sur un cœur qui bat pour la France, si dans le cas où nos soldats qui quittaient Paris en s'écriant : « A Berlin ! » auraient réalisé leur cri de guerre (Interruption), si notre frontière, comme le voulait M. Victor Hugo, s'était étendue jusqu'aux murs de Mayence, je demande à ceux qui m'interrompent s'ils oseraient proclamer que la guerre était insensée. (Vives exclamations sur un certain nombre de bancs.)

Un grand nombre de membres à gauche et au centre gauche. — Oui ! oui !

M. Langlois. — Je demande la parole.

M. Amédée-Lefèvre Pontalis. — Vous provoquez à la guerre entre les peuples.

M. Fouquet. — M. Thiers lui-même a protesté. (Longue agitation.)

M. de Ventavon. — Je crois avoir répondu, Messieurs, à l'argument tiré de la responsabilité du grand fait national de la guerre et des conséquences qu'il aurait pour la France.

Je passe à l'argument tiré de la solidarité.

Il m'est plus difficile de combattre ce dernier argument... (Ah ! ah !)

Un membre à droite. — Je le crois.

M. de Ventavon. — ...parce qu'il repose principalement sur un mot dont la définition n'a pu être apportée à cette tribune. (Mouvements divers.) Il ne s'agit pas, bien entendu, de cette solidarité du droit qui engage tous ceux qui sont tenus par une convention ou par une loi ; il faut prendre ce mot dans un sens beaucoup plus étendu ; or, savez-vous ce qu'il veut dire? Il a le même sens que le mot de fraternité avait dans le préambule de la loi de 1792. (Assentiment à droite.) L'expression avait vieilli, parce que ceux qui s'en servaient avaient rarement donné dans leurs actes l'exemple de la fraternité. (Très-bien! très-bien ! sur quelques bancs à droite.) Et alors dans la société moderne on l'a remplacé par celui de solidarité. (C'est cela !)

Avant 1789 on disait la charité. (Réclamations et murmures à gauche.)

M. Amédée Lefèvre-Pontalis. — Nous demandons la justice et non pas la charité !

M. de Ventavon. — C'était, Messieurs, toujours la même idée ; or ce mot ne réveille pas, comme on vous l'a dit déjà, une obligation qui enchaîne irrésistiblement l'homme, mais il impose à la nation un devoir qu'il faut accomplir. (Très-bien ! très-bien !

Voilà, Messieurs, ce qu'est la solidarité; c'est une obligation morale, si vous le voulez... (Trèsbien! très-bien !)

Un membre. — Nous sommes d'accord !

M. de Ventavon. — ...qui ne doit pas se produire par un vain mot, mais par un vote de l'Assemblée. (C'est cela !) Non par un vote qui consacre le droit, mais par un vote qui reconnaisse le devoir. (Vives marques d'approbation et applaudissements sur divers bancs.)

M. Cochery. — Le droit découle du devoir : c'est évident. Nous voilà complétement d'accord!

M. de Ventavon. — Et je ne peux pas quitter ce sujet, Messieurs, sans vous dire que ce droit ou ce devoir ne doit jamais être pris dans un sens trop absolu. (Interruptions.) J'entendais un orateur dire que toutes les parties de la France étaient solidaires à ce point que les dommages de la guerre causés à l'une d'elles devaient être supportés par toutes les autres.

Sur plusieurs bancs. — Oui ! oui !

M. de Ventavon. — Permettez-moi de vous dire que cette opinion trop absolue manque de vérité.

Il y a certains pays qui, par leur position topographique, sont sujets aux ravages de l'ennemi. (Interruptions.)

Plusieurs membres. — C'est pour cela qu'il faut les indemniser.

M. de Ventavon. — Il y a d'autres contrées qui sont moins exposées. Ainsi, messieurs, je représente parmi vous le département le plus pauvre des 86 départements. C'est l'Irlande au milieu de la France. Quelques maisons groupées sur le penchant des abîmes forment nos villages, et nos terres cultivées se composent de quelques champs situés dans d'étroits vallées, et pour lesquels il faut, chaque jour, combattre contre un autre genre d'invasion, l'invasion des torrents, que vous ne connaissez pas. (Mouvements divers.)

Les riches départements de l'Est que vous voulez indemniser n'ont pas partagé leurs richesses avec nous. (Rumeurs diverses.)

M. LE GÉNÉRAL DE CHANZY. — Et la Champagne!

M. DE VENTAVON. — Vous voulez nous faire partager leurs désastres, nous y consentons ; mais ce devoir moral que nous voulons accomplir a nécessairement des limites. Le père de famille donne son superflu, il peut encore prendre quelque chose de sa subsistance, mais il ne donne pas le pain de ses enfants. (Bruits et rumeurs confuses. — On n'entend pas ! on n'entend pas !)

M. AUDRÉN DE KERDREL. — Nous n'entendons pas une seule fin de phrase. On entend le commencement, jamais la fin. Un orateur qui honore à ce point la tribune devrait être écouté. (Oui ! oui ! — Très-bien ! et applaudissements à droite.)

M. DE VENTAVON. — Maintenant que j'ai défini le vériiable sens du mot solidarité, à quelle conclusion devons-nous aboutir ?

Je reprends la distinction que j'ai faite dès le commencement. Reconnaîtrons-nous un droit à l'indemnité ? Accorderons-nous, dans la plus large mesure, un secours à nos départements envahis ?

Tous les départements de France ont souffert.

Je disais, Messieurs, que les départements envahis n'ont pas été les seuls à souffrir : nous avons largement payé et l'impôt du sang et l'impôt de l'argent... (Interruptions nouvelles.)

M. AMÉDÉE LEFÈVRE PONTALIS. — Les départements envahis aussi !

M. LE PRÉSIDENT. — Veuillez donc, Messieurs, ne pas interrompre à chaque phrase. Vous ne pouvez entrer en dialogue avec l'orateur.

M. DE VENTAVON. — Je peux bien dire que tous ont payé... (Oui ! tous !)

M. LE PRÉSIDENT. — Messieurs, veuillez permettre à l'orateur d'achever son discours. Je remarque qu'à chaque phrase il y a des interruptions...

Un membre à droite. — Des interruptions de la gauche !

M. LE PRÉSIDENT. — L'orateur est gêné dans sa liberté, et son discours est interrompu de façon à ne pas être saisi dans son ensemble par les auditeurs. (C'est vrai ! — Très bien !)

M. DE VENTAVON. — Je disais, Messieurs, que dans tous les départements nous avions souffert, et c'est avec une douloureuse vérité que je puis me servir pour le département que j'habite, de cette expression : nous avons donné notre dernier homme et notre dernier écu.

M. EMILE LEROUX. — Et dans le nôtre !

M. DE VENTAVON. — Le sixième de nos mobiest tombé sur le champ de bataille, et nous avons équipé nos mobilisés par des emprunts départementaux, par des emprunts communaux, par l'épargne de toutes nos familles... (Nouvelles interruptions.)

M. LE PRÉSIDENT. — Je rappellerai à l'oadre quiconque interrompra de nouveau. (Très bien ! très bien !)

M. DE VENTAVON. — Nous avons, sachez-le bien, épuisé nos dernières ressources.

Je ne veux vous citer qu'un seul fait.

Le total de nos quatre contributions directes s'élève à 730,000 fr. ; nous avons dépensé pour l'équipement des mobilisés et pour l'achat d'une pièce d'artillerie, 725,000 fr. ; de telle sorte que la dépense officielle, sans parler des souscriptions, qui ont été nombreuses et de l'argent remis par les familles à leurs enfants devenus soldats, la dé-, pense officielle, dis-je, a doublé, entièrement doublé le montant de nos quatre contributions directes.

Eh bien, je ne viens pas vous dire de nous affranchir de toute participation aux pertes ; je viens seulement vous supplier de ne pas poser un principe dont les conséquences sont inconnues.

Ne prenez pas un engagement au-dessus de vos forces, car le pire serait da promettre une indemnité et de ne pouvoirr tenir votre promesse. Votez une somme d'argent fixe ; pour moi, je souscrirai au chiffre le plus élevé qui nous sera proposé par la commission du budget ; en votant cet impôt, je demanderai qu'ils soit réparti de manière à sauvegarder tous les intérêts, à réparer les dommages indirects aussi bien que les dommages directs, mais toujours dans la mesure de nos ressources.

Votez donc à titre de secours telle somme d'argent que vous fixerez dans votre sagesse, mais repoussez le principe qu'on veut imprudemment vous faire sanctionner. (Vive approbation et applaudissements sur divers bancs à droite et au centre.)

De toutes parts. A demain ! à demain !

M. LE PRÉSIDENT. — Voíci l'ordre du jour de demain :

A deux heures, séance publiqne ;

Suite de la deuxième délibération sur la propo
sition de MM. Ciaude (de la Meurthe) et autres ;

Troisième délibération sur la loi organique départementale ;

Rapport de le commission des pétitions, s'il y
a lieu.

(La séance est lévée à six heures trois quarts.)

—

SEANCE DU 5 AOUT

.   ;   .   .   .   .

M. LE PRÉSIDENT. — L'ordre du jour appelle la
suite de la seconde délibération sur la proposition de M. Claude (de la Meurthe) et plusieurs de
ses collègues, tendant à faire supporter par toute
la nation française les contributions de guerre,
réquisitions et dommages causés par l'invasion.

M. WOLOWSKI. — Je demande la parole...

M. LE PRÉSIDENT. — Il y a des orateurs inscrits
avant vous, monsieur Wolowski.

M. WOLOWSKI. — Je n'ai qu'un simple mot à
dire.

Hier, l'honorable rapporteur, M. Albert Grévy,
r dit en parlant du département de la Seine, que
le chiffre des indemnités à réclamer ne s'élèverait pas au-delà de quelques millions ; d'un autre
côté, l'honorable M. de Ventavon a porté le chiffre
probable de ces indemnités à 200 millions, qu'il

a réduits à 100 millions, pour les pertes résultant de la guerre contre l'étranger.

Frappé de cette grande différence des deux chiffres, je me suis adressé à M. le préfet de la Seine, afin de savoir sur quelles bases ces évaluations avaient été établies. M. Léon Say m'a dit que c'était le 20 juillet seulement que les commissions cantonales ont été nommées pour les arrondissements de Sceaux et de Saint-Denis, et qu'elles avaient à peine commencé leur travail. Donc, les chiffres qui ont été produits à cette tribune ne reposent pas sur une base sérieuse résultant de la constatation des faits.

J'espère que vous ne voudrez pas que le département de la Seine reste seul à supporter les pertes qu'il a subies pour avoir pendant cinq mois résisté à l'ennemi et retardé son action. (Marques d'adhésion.)

Mais pour l'évaluation de ce chiffre, je ne voudrais pas que les données portées à cette tribune, soit dans le sens de l'atténuation, soit dans le sens de ce que je regarde comme une grande exagération, pussent exercer une influence non justifiée sur une discussion aussi grave que celle qui s'agite devant nous.

Voilà la seule observation que je désirais présenter. (Très-bien ! très-bien!)

M. le Président. — La parole est à M. Lefèvre-Pontalis.

M. Emile Leroux. — J'avais demandé la parole, monsieur le président.

M. le Président. — M. Lefèvre-Pontalis est inscrit avant vous.

M. Emile Leroux. — Je demande la parole comme président de la commission.

M. Amédée Lefèvre-Pontalis. — Alors, je vous cède la tribune.

M. Emile Leroux. — Messieurs, je viens, au nom de la commission, réclamer quelques instants de votre bienveillante attention, pour répondre aux objections soulevées par l'honorable M. de Ventavon dans le discours qu'il a prononcé dans la séance d'hier.

Il s'est d'abord demandé si la proposition de loi était venue dans un moment opportun ; si, alors que l'occupation étrangère durait encore, et que nous avions des milliards à payer, il n'eut pas été plus convenable d'attendre que cette dette fut acquittée pour réclamer encore des millions à la France.

Messieurs, la réponse à faire est bien simple : c'est qu'il y a des misères, dans les départements envahis, des misères qui ne peuvent plus attendre et qu'il faut évidemment soulager ; c'est qu'il y a des cultivateurs qui n'ont plus de bestiaux, qui n'ont plus de récoltes, qui n'ont plus de semences, qui ne peuvent plus continuer leur culture ; c'est qu'il y a de malheureux ouvriers, qui n'ont plus d'habitation, dont les chaumières ont été brulées, et je dis que ce sont là des désastres qu'il faut réparer immédiatement.

Je suis heureux de me trouver d'accord, ainsi que la commission, avec l'honorable Chef du pouvoir exécutif, car s'il est en désaccord sur certains points avec la commission, c'est-à-dire sur le caractère de la réparation que nous sollicitons, du moins il faut reconnaître que M. le Chef du pouvoir exécutif a constaté lui-même la nécessité imminente de venir en aide à ceux qui souffrent, et de réparer, dans une certaine mesure, tous les dommages, toutes les pertes occasionnées par la guerre.

Avant M. le Chef du pouvoir exécutif, M. le ministre de l'intérieur a fait plus : il a commencé l'exécution de la réparation en nommant des commissions pour vérifier l'importance des dommages et arriver au chiffre de l'indemnité.

Toutes les commisstons nommées par cette Assemblée, la commission chargée de constater la situation des départements envahis, la commission d'initiative, saisie de la proposition relative à la ville de Châteaudun et au nom de laquelle j'ai fait un rapport sur cette proposition, ont admis en principe ce que nous sollicitons en ce moment. La commission spéeialement désignée pour cette question a été aussi unanime pour l'adoption du projet de loi. Tout cela a constitué un ensemble d'opinions émanant tout à la fois de l'Assemblée, du pouvoir exécutif et des ministères.

On demande pourquoi les réclamations arrivent si vite, pourquoi on n'a pas attendu le payement des milliards formant l'indemnité de guerre. C'est, Messieurs, qu'il n'est pas possible d'attendre ; nos contrées sont très malheureuses, et il y a un principe de justine dont nous demandons l'application.

L'honorable M, de Ventavon disait que nous voulions introduire un principe nouveau dans la loi. C'est une erreur : nous demandons purement et simplement l'application du principe de la fraternité qui a été proclamé en 1791 et à toutes les époques où la France a eu à subir les désastres de la guerre.

Le principe de la fraternité, je n'ai pas à le définir ; la fraternité s'explique d'elle-même : c'est le partage des pertes, le partage des désastres de la guerre comme le partage des avantages de la victoire.

C'est ce principe dont nous demandons l'application.

On a dit que c'était une solidarité que nous voulions établir entre tous les habitants de la France. Je n'insiste pas sur le mot; ce que je constate, c'est qu'il s'agit là d'une perte, d'un dommage occasionné par un fait qui est commun à toute la France, et que c'est à toute la France qu'incombe la réparation. (Adhésions nombreuses. — Très bien !)

En effet, par qui la déclaration de guerre a-t-elle été faite, si ce n'est par le chef de l'Etat ? Et cette guerre, qui l'a autorisée, qui en a voté les fonds, si ce n'est les représentants de la France? Quelques-uns s'y sont opposés, notamment l'honorable Chef du pouvoir ecécutif ; mais ses observations, elles n'ont pas été écoutées ! Nous le regrettons profondément.

Oui, qui a voté cette guerre que nous déplorons tous ? Est-ce que ce sont seulement les députés de l'est et du nord ? Est-ce que ce ne sont pas les députés de la France tout entière? (Oui, certainement ! — Approbation.)

S'il a été commis une faute, c'est une faute

dont nous sommes tous solidaires, une faute que tous nous devons réparer.

Quant aux mots, je le répète, nous n'y tenons pas. Nous n'apportons pas une rédaction définitive: peu nous importe les termes que vous insérerez dans la loi. (Mais ce à quoi tient la commission, c'est que le principe ne soit pas méconnu, c'est que la répartition se fasse entre tous les départements, entre tous les citoyens. Pourquoi? parce que notre gouvernement est le gouvernement du pays par le pays. Qu'est-ce que cela veut dire? Le gouvernement de tous par la solidarité de tous. La solidarité de tous, voilà ce que nous demandons. (Très bien! très bien!) C'est-à-dire que nous voulons l'application de ce principe qui n'a été nié à aucune époque, la solidarité entre tous ceux qui ont participé à l'action.

En effet si une faute a commencé par la déclaration de la guerre, en principe, quels sont donc ceux qui sont obligés de réparer les désastres qu'elle a occasionnés? ce sont ceux qui ont participé à la faute par l'approbation qu'ils y ont donnée. Or, qui donc a participé à cette faute? Est-ce que ce n'est pas nous tous, nous tous, par nos députés, par nos mandataires?

Voilà ce qui est, je crois, la vérité. (Marques d'assentiment.) Ce principe n'est pas nouveau.

Je n'abuserai pas de la bienveillance de l'Assemblée pour rentrer dans la discussion théorique: elle a été complète dans la séance d'hier. Notre honorable rapporteur a parfaitement expliqué les lois auxquelles nous avons puisé le prin-

cipe dont nous vous demandons l'application.
Nous l'avons puisé dans la loi de 1792, dont je
ne vous rapporterai pas le texte ; mais, puisqu'on
l'a contesté, permettez moi de vous citer seulement quelques lignes, qui vous prouveront que
le législateur de cette époque a nettement reconnu le droit à la réparation pour tous ceux qui
avaient souffert des suites de la guerre :

« Voulant donner aux nations étrangères le
premier exemple de la fraternité qui unit les citoyens d'un peuple libre et qui rend communs
à tous les individus du corps social le dommage
occasionné à l'un de ses membres. »

Voilà le principe.

La loi de 1793 est plus explicite encore : le mot
d'indemnité y est prononcé, et l'indemnité doit
peser sur la France entière.

Laissez-moi vous citer également quelques lignes du texte de cette loi, qui ne permettront
à personne de contester son véritable principe.

Voici ce que disait l'article 1er, le seul que je
veuille soumettre à votre attention :

« La Convention déclare, au nom de la nation,
qu'elle indemnisera tous les citoyens des pertes
qu'ils auront éprouvées ou qu'ils éprouveront
par l'invasion de l'ennemi sur le terriroire français, etc. »

Ainsi la nation, ne l'oublions pas, indemnisera
ceux qui ont souffert. Mais qu'est-ce que nous
demandons aujourd'hui ? nous ne demandons pas
autre chose. Qu'on nous conteste ce qu'on appelle le principe rigoureux, qu'on nous soutienne

qu'il n'existe pas en matière de dommages de guerre d'action directe contre l'Etat, soit! Nous ne venons pas soutenir que, par le seul fait que chacun a souffert, chacun ait droit à une indemnité et qu'il puisse intenter une action contre l'Etat. Non, mais ce que nous vous demandons, c'est de reconnaître le principe de l'indemnité.

Nous vous demandons de reconnaître que le dommage occasionné par la guerre est une dette, une dette qui doit retomber sur la nation entière, c'est-à-dire que la nation entière doit réparer le dommage dans la mesure du possible. Certes, nous ne venons pas dire à la nation de faire faillite pour réparer les dommages de la guerre; nous lui disons qu'il est impossible qu'en présence d es désastres dont les départements du Nord ont été victimes, l'Assemblée ne juge pas qu'il faille accorder une indemnité.

Ce n'est pas un secours, ne l'oublions pas! Le secours semble supposer une aumône, un acte de charité... (Réclamations à droite. — Oui! oui! c'est vrai!), comme le disait l'honorable M. de Ventavon, car il prétendait que c'était là le sens du mot «indemnité», même avant la loi de 1791.

Nous n'insistons pas sur le mot, nous insistons sur le principe.

Eh bien, à l'égard du principe, je rappellerai ce qui s'est passé.

A aucune époque, en 92, en 93, et même sous Louis XVIII, jamais ce principe n'a été méconnu; toujours on a accordé une indemnité pour les désastres de la guerre.

Il ne peut donc pas y avoir de contestation sur ce point.

On nous a fait une objection à laquelle je vous demande la permission de répondre ; c'est une objection sur le mode d'exécution.

L'honorable M. de Ventavon disait : Mais la loi de 1793 déterminait un mode d'estimation basée sur le revenu de l'immeuble !

Il disait encore : On payait en papier-monnaie à cette époque !

Nous ne vous demandons pas autre chose : nous demandons purement et simplement le papier de la France. (Exclamations à droite.)

A cette époque, en 93, on payait en papier-monnaie. Eh bien, nous vous demandons, quoi ? nous vous demandons de la rente... (Bruit), des obligations, des engagements.

Ne venez donc pas nous dire qu'il y a une différence entre l'époque de 1871 et celle de 1793.

Nous ne demandons pas d'argent comptant à la nation pour toute l'indemnité, nous demandons ce qui est possible, et lorsque nous viendrons discuter les voies et moyens, peut-être nous entendons-nous parfaitement avec M. le Chef du pouvoir exécutif, peut-être arriverons-nous à créer un mode d'indemnité qui ne soit pas une charge trop lourde pour la France à raison de l'état de ses finances.

Ne dites donc pas qu'il y a impossibilité et que ce que la loi de 1793 prescrivait nous ne pouvons l'admettre aujourd'hui. Que prescrivait-elle ? une estimation basée sur le revenu des immeubles, sur les produits. Que faisons-nous ? Nous sommes moins exigeants : nous nous en rapportons à l'administration elle-même, à M. le Chef du pouvoir exécutif, à M. le ministre de l'intérieur, qui nommera des commissions, qui fera fixer par ces commissions le véritable chiffre de l'indemnité. Et ensuite, quand ce chiffre sera connu, quand nous arriverons à savoir quelle est l'importance des pertes, nous dirons à cette Assemblée, qui est souveraine, qui représente le pays : Fixez le chiffre de l'indemnité que vous voulez accorder.

M. Thiers, *Chef du pouvoir exécutif.* — Sur ce point, nous sommes d'accord !

M. Emile Leroux. — M. le Chef du pouvoir exécutif veut bien me dire que nous sommes d'accord. Cela ne m'étonne pas : car, avant d'arriver à la discussion de cette loi, nous avons essayé de nous mettre d'accord avec le Gouvernement, et nous avions cru y être parvenus, ne pensant pas qu'il y eût de contestation possible sur le principe d'une indemnité, quelque nom qu'on lui donne, pour réparer les dommages de la guerre.

M. le Chef du Pouvoir exécutif. — Cédez-moi la parole et nous allons nous mettre d'accord.

M. Emile Leroux. — Je ne demande pas mieux... (Parlez ! parlez !) Seulement, je me permettrai de répondre à M. de Ventavon. Il y a, dans le discours d'hier, des principes que je ne puis pas accepter, ni la Commission non plus.

Nous sommes d'accord ! dit-on : mais il me semble qu'un mot de la part de M. le Chef du pouvoir exécutif mettrait un terme à cette discussion. Nous sommes d'accord, et cependant, dans la séance d'hier, non-seulement on a combattu le principe, mais on a cherché à effrayer l'Assemblée par des chiffres qui ne sont pas exacts. (Mouvements divers.)

On a invoqué des principes qui sont inadmissibles ; on nous a cité des autorités des arrêts. Eh bien laissez-moi vous dire que l'on a fait erreur.

Un membre. — On a joué sur les mots.

M. Emile Leroux. — Je constate avant tout, et c'est un point important de cette discussion, que M. le Chef du pouvoir exécutif ne paraît pas contester l'allocation d'une indemnité quelconque. Cela ne m'étonne pas, après le langage qu'il a tenu dans la discussion de l'emprunt de deux milliards.

Vous vous rappelez qu'il vous disait, en effet, qu'il fallait en réserver une partie pour la reconstruction de certaines maisons détruites par la guerre civile. Personne ne l'a contredit, et cependant personne n'ignorait les conséquences de ce principe que proclamait M. le Chef du pouvoir exécutif.

Comment ? nous, départements du Nord, nous supporterions les dépenses faites pour défendre l'ordre et la liberté contre l'insurrection qui avait éclaté dans la ville de Paris, et l'on ne nous rembourserait pas celles qui nous ont été occasionnées pour la défense de la France et l'invasion étrangère ! Il est impossible que l'on établisse une telle distinction.

On nous oppose un décret du 30 avril 1853, relatif à l'établissement des places fortes. J'en demande bien pardon à l'honorable M. de Ventavon, mais je lui ferai remarquer que ce décret n'a que faire dans la discussion, à mon sens du moins.

La loi prescrit certaines formes pour l'établissement des places de guerre, elle impose des servitudes. Mais il ne faut pas comparer ces servitudes à des ravages de guerre, à des pillages, à des exactions, à des contributions comme il en a été exercé pendant la guerre au préjudice des départements envahis. Les précautions que l'on prend pour l'établissement des places de guerre, c'est une servitude légale qu'on impose à la propriété dans l'intérêt commun ; c'est une servitude dans le genre de celles qu'on impose aux voisins de rivières pour les chemins de halage, ce n'est pas autre chose.

Et quand on dit, dans un article de cette loi, qu'on ne payera pas les dommages occasionnés aux bâtiments qui ont été élevés dans la zone militaire, on ne prescrit rien autre chose que le respect de cette zone. Si vous construisez contrairement à cette prescription, la loi dit positivement qu'on pourra détruire ces constructions sans vous payer d'indemnité.

Mais à côté de ce principe, il y en a un autre qui vient à notre aide, et qui justifie les réclamations que nous faisons maintenant au nom des départements envahis. Cet autre principe est écrit dans les articles 36 et 38, à savoir : que, lorsque dans l'intérêt de la défense d'une place de guerre, on est obligé de faire des inondations, de causer certains dommages aux propriétés voisines, on doit les réparer et payer une indemnité.

Voilà le principe qui est établi. Et quand en vertu de ce principe, je vois que, pour la défense d'une place de guerre, vous êtes obligés de payer une indemnité à ceux qui en souffrent, je me demande quelle différence il y a entre ce dommage et celui pour la réparation duquel viennent réclamer les départements envahis ? Je n'en aperçois aucune ; je ne comprendrais pas pourquoi vous ne suivriez pas le même principe et n'accorderiez pas la même indemnité.

On nous a opposé, — j'avoue que j'en ai été surpris, pardonnez-moi ce sentiment, — des décisions du conseil d'Etat et de la cour de cassation.

Je n'ai à cet égard qu'une observation à faire : le conseil d'Etat et la cour de cassation appliquent les lois et rien de plus. Mais nous, Messieurs, nous les faisons. (Mouvements divers.) Nous ne vous demandons pas, dans les circonstances présentes, l'application d'une loi ; nous venons vous demander d'en faire une qui, dans l'intérêt de la justice et de l'équité, accorde une indemnité qui ne peut pas être contestée. (Assentiment sur plusieurs bancs.)

Voulez-vous maintenant, Messieurs, me permettre de dire dans quelles circonstances ce principe a été proclamé par la justice ? C'est à l'occasion du siége d'Anvers, à l'occasion du blocus de l'Escaut, et la décision du conseil d'Etat porte la date du 13 mai 1836.

Il s'agissait de savoir si on avait une action

contre la nation française pour les dommages occasionnées par le siége d'Anvers. Il ne s'agissait pas de réclamations de Français à Français ; il ne s'agissait pas de savoir si un dommage, causé dans l'intérêt de la patrie entière, devait être supporté par la nation entière ; il s'agissait, je le répète, de savoir si les propriétaires avoisinant Anvers avaient une action contre l'Etat français. Le conseil d'Etat a repoussé la prétention des étrangers, et il a eu parfaitement raison.

L'honorable M. de Ventavon, forcé sans doute — qu'il me pardonne de le lui dire — de se retrancher dans une sorte de subsidiaire, disait : Votre loi est inapplicable ! voyez donc les difficultés qui vont en résulter ! Vous vous jetteriez dans l'inconnu, dans les procédures les plus longues, les plus incertaines, les plus dangereuses, au point de vue des indemnités qu'on viendrait réclamer.

Il ajoutait : Ce sera comme en matière d'expropriation pour cause d'utilité publique : quand vous aurez proclamé le droit, comme le propose l'article 1er de la loi, il y aura des jurys d'expropriation, des procédures interminables.

On oublie complétement ce que nous demandons et on place la question, qu'il me soit permis de le dire, à côté du projet de loi soumis à l'Assemblée.

Que demandons-nous ? — Je ne saurais trop revenir à la proposition de la Commission et même à celle de l'honorable M. Claude. — Nous demandons une indemnité, et nous persistons dans le mot indemnité, parce qu'il n'y en a pas d'autre possible. Ce mot est écrit dans toutes les lois antérieures; et si on l'écrivait en 1791, on doit à plus forte raison l'écrire en 1871, sous un Gouvernement qui est évidemment le gouvernement du pays par le pays.

Il n'y a donc pas d'expropriation et de procédure à suivre comme en matière d'expropriation : il y a purement et simplement à faire nommer des commissions pour fixer le chiffre des pertes. Quant à la nomination de ces commissions, nous nous en rapportons au Gouvernement, au Chef du pouvoir exécutif.

Voilà ce que j'avais à dire en réponse aux objections principales ; car j'abrége, ne voulant pas fatiguer l'attention de l'Assemblée.

Laissez-moi vous dire seulement que la nature des pertes subies ne permettait pas d'introduire un autre mot dans la loi que celui que nous avons inséré dans le projet.

En quoi consistent ces pertes? Il y a d'abord les impôts : cela nous est concédé, et il ne peut pas y avoir de difficulté.

Et, à cette occasion, puisque j'aperçois au banc des ministres M. le ministre des finances, qu'il me permette de lui dire que la réponse qu'il a faite avant-hier à un de nos honorables collègues sur le payement des impôts n'est pas rassurante pour tout le monde.

M. le ministre des finances, reconnaissant le principe dont je viens de parler, disait que les communes seraient remboursées des impôts parce qu'elles les avaient payés directement.

Mais il y a des communes dans lesquelles ce sont les habitants qui les ont payées dans les mains de la municipalité, comme ils les auraient payées dans celles des percepteurs si les percepteurs avaient été à leur poste, et cependant on les leur réclame une seconde fois. J'ai une lettre, — je pourrais la communiquer à M. le ministre des finances, — dans laquelle les percepteurs exigent le payement de l'impôt une seconde fois.

J'espère que M. le ministre des finances donnera des instructions pour qu'il n'en soit plus ainsi à l'avenir.

Maintenant, ces impôts, il faut évidemment les rembourser en totalité, cela n'est pas contestable.

Que disons-nous dans le premier article de notre projet? Que les impôts seront restitués. Et vous ne voudriez pas maintenir l'article? Comment! nous aurions payé une première fois l'impôt aux Prussiens ou aux communes qui ont reçu pour les Prussiens, et nous serions obligés de payer une seconde fois ces impôts dans les mains de l'Etat! Cela n'est pas admissible. (Mouvement. — C'est vrai ! — Très bien !)

Notre article comprend ensuite les réquisitions en argent, c'est-à-dire la nourriture par réquisition des armées prussiennes.

Eh bien, laissez-moi vous dire, sans insister sur ce point, que cette nourriture et ces réquisitions, comme l'a établi notre honorable rapporteur, de la manière la plus claire, doivent être à la charge de l'Etat envahi. Oui, c'est un principe du droit des gens incontestable ; il faut nourrir les armées envahissantes, quelque triste, quelque pénible, quelque douloureux surtout que cela puisse être pour les habitants qui se trouvent dans les pays envahis. Oui, on doit évidemment payer cette contribution de guerre, tantôt sous le nom de réquisition, tantôt sous le nom d'impôt, tantôt sous le nom de nourriture.

Mais, permettez-moi de vous soumettre une réflexion : si ces réquisitions n'eussent pas été faites, soit en nature, soit en argent, est-ce que l'Etat français n'aurait pas eu à payer une indemnité de guerre plus forte ? (C'est cela ! — Vif assentiment.)

Savez vous, Messieurs, comment les réquisitions ont été faites ? Je vais vous parler de celles de la ville que je connais le mieux. On demandait 6,000 couvertures, on les demandait à qui ? au fabricant. Comment les demandait-on et à quelles conditions ? Je lis les bons de réquisition qui ont été formulés par les Prussiens, et je vois dans la demande des 6,000 couvertures, qu'on s'adresse, pour les obtenir, aux négociants, mais que, quant au prix, il sera payable après la guerre, soit par la Prusse, soit par la France, selon les stipulations des négociations qui mettront fin à la guerre.

Ainsi, on impose à une ville des réquisitions, en lui disant : C'est la Prusse qui payera, ou c'est la France qui payera, selon les conditions du traité. Eh bien, je demande au Gouvernement quelles sont les conditions qui ont été faites à cet égard ? Les conditions, c'est une décharge

que vous avez donnée, non pas formellement.
mais implicitement. Est-ce que les traités con-
tiennent des réserves pour les réquisitions qui
ont été faites dans les départements envahis?
Est-ce que ces réquisitions ont été comprises
dans l'indemnité de cinq milliards? Non. Si j'ai
été bien instruit, par les Prussiens eux-mêmes,
une des conditions a été qu'on ne pouvait faire
aucune réclamation à l'égard de toutes les réquisitions passées. Eh bien, si on n'eût pas dégagé
l'autorité prussienne, elle aurait eu à répondre à
la réclamation des négociants qui avaient fourni
les couvertures. Je sais qu'elle aurait pu s'en affranchir par la force ; mais, au moins, le droit
aurait été réservé, et peut-être n'aurait-elle pas
osé faire usage de la force.

L'Etat français est donc engagé vis-à-vis des
fournisseurs.

A quel chiffre montent-elles, ces réquisitions ?
Pour mon département, elles s'élèvent à plusieurs
centaines de mille francs. Les pertes s'élèvent à
plus de dix-huit millions.

Eh quoi ! il y a des fermiers qui ont eu à subir
les réquisitions de toutes leurs récoltes, qui sont
réduits à un état de misère, et ces réquisitions
ne seraient pas remboursées à ceux qui y ont été
forcés !

Ne l'oublions pas, il ne s'agit pas seulement là
de désastres occasionnés par la guerre, de dommages directs ; il s'agit de dettes qui sont évidemment à la charge de l'Etat.

Dans notre article 1er. nous avons tout con-
fondu, et nous devions le faire, parce que, à nos

yeux, les désastres occasionnés par la guerre, les incéndies, les ravages, doivent être placés sur la même ligne... Eh, mon Dieu ! Messieurs, j'en ai été le témoin : oui, des villages entiers ont été détruits ; et savez-vous pourquoi ? parce qu'on avait tiré un coup de fusil à quelque distance de ce village.

La ville de Châteaudun, qui s'est si vaillamment conduite, a été réduite en cendres, et elle ne serait pas indemnisée ? (Très bien ! — Applaudissements sur plusieurs bancs.)

Voilà comment se pose la question : ceux qui se sont défendus le plus vaillamment auraient tout perdu, et ils seraient obligés de supporter tous les sacrifices sans indemnité! (Mouvement.) Cela n'est pas possible. (Non! non! — Très bien !)

J'entendais dire hier à l'honorable M. de Ventavon : Il y a des pays qui ne se sont pas défendus ; il ne faut pas les confondre avec les autres. Il faudrait accorder un secours seulement aux villes, aux campagnes qui se sont courageusement défendues. Il regrettait aussi que la France entière n'eût pas imité la conduite de Châteaudun et de certaines autres villes.

Pourquoi toutes les villes n'ont-elles pas imité Châteaudun ? Laissez-moi vous en dire les raisons, celles du moins que je connais. C'est qu'il y avait des villes qui n'étaient pas pourvues de moyens de défense, qui n'avaient pas d'armes ; j'en connais une, la ville de Beauvais, qui était disposée à se défendre, qui s'était procuré des cartouches, et le dépositaire de l'autorité départementale, le préfet du Gouvernement de la défense nationale, les a fait jeter à l'eau. (Exclamations et rumeurs.) Je ne l'en blâme pas ; la défense n'était pas possible.

Un membre. — Le fait est très vrai !

M. Emile Leroux. — Vous avez raison de le dire : oui, le fait est vrai.

Et l'on reproche à ces populations de ne pas s'être défendues ! Et l'on vient dire qu'il faut indemniser certaines villes, mais que certaines autres sont placées dans des conditions qui ne sont pas de nature à inspirer de l'intérêt ! Ah, Messieurs, ne faisons pas de distinction ! Je citerai encore la ville de Péronne, et je pourrais en citer d'autres qui se sont défendues, tandis que certains centres de population ont été obligés de céder, évidemment parce qu'ils n'avaient pas de moyens de défense, et que l'autorité départementale elle-même s'opposait à la résistance. Je le répète, ne faisons pas de distinction, et reconnaissons qu'il faut venir au secours de tous.

Savez-vous, Messieurs, quel a été l'auteur des dommages ? Il y en a qui ont été faits par l'armée française ; il y en a d'autres qui l'ont été par l'armée étrangère. Comment ferez-vous la distinction ?

J'ai là une lettre du maire d'une commune qui constate que l'on a incendié 173 meules de blé au nom de l'autorité française, et qu'on en a incendié d'autres au nom de l'autorité allemande Comment ferez-vous donc pour cette commune ? Distinguerez-vous les meules qui ont été enflammées par l'ordre de l'autorité française de celles qui ont été détruites par l'autorité ennemie? Indemniserez-vous pour les unes et refuserez-vous l'indemnité pour les autres ?

Non, une pareille distinction n'est pas possible : ce serait de l'injustice. Il faut donc comprendre tous les ravages, quels qu'ils soient, occasionnés par la guerre, et reconnaître qu'ils doivent amener également des réparations et des indemnités. (Assentiment sur plusieurs bancs.)

Messieurs, je crois et j'espère que nous serons à peu près d'accord sur ce principe.

Maintenant, sur les moyens.

L'honorable M. de Ventavon, tout en reconnaissant qu'il fallait allouer une somme quelconque, n'a pas dit sous quelle forme ni sous quel nom. C'est à l'Assemblée à se prononcer sur ce point.

Maintenant, est-il vrai qu'il n'y ait aucun moyen de réparer les dommages ; que leur chiffre soit si élevé et que la position du Trésor public soit telle qu'il soit impossible de voter maintenant une loi qui allouera un chiffre quelconque? C'est une erreur. Ce que nous demandons n'est pas aussi élevé qu'on pourrait le croire. Permettez-moi de vous rappeler le chiffre. Je crois que le chiffre nous divise beaucoup plus que les principes.

M. RICHIER. — Au contraire !

M. EMILE LEROUX. — Savez-vous quel est le chiffre des pertes dans les départements envahis, y compris le département de Seine-et-Oise? Il s'élève à 668 millions.

Un membre. — Il n'est pas exact !

M. EMILE LEROUX. — Vous dites que ce chiffre

n'est pas exact. Eh bien, nous demandons qu'on nomme des commissions qui le fixeront avant qu'on ne nous accorde une allocation. Nous devrons donc être d'accord. Si vous croyez qu'il y ait exagération dans le chiffre, acceptez le mode que proposera le Gouvernement, quel qu'il soit, pour que le chiffre de l'indemnité puisse être fixé en connaissance de cause. Mais ne venez pas nous parler de chiffres pour repousser le principe dont nous demandons la consécration.

Les chiffres, nous les avons puisés aux sources les plus certaines. Il est possible qu'il y ait des erreurs. M. Wolowki est venu nous dire à cette tribune que le chiffre du département de la Seine n'était pas complet. Cependant les recherches faites par M. le ministre de l'intérieur ne laissent aucun doute sur ce point. Il y a des renseignements qui varient, je ne le conteste pas; mais ces variations ne peuvent pas être d'un chiffre bien considérable.

Admettez 668 millions ; mettez, si vous le voulez, 670 ou 680 millions.

Si vous y joignez Paris, — et dans notre projet il n'en est pas question, par la raison bien simple que la commission n'était pas saisie de ce point ; — si, dis-je, vous y joignez l'indemnité qui pourrait être accordée à la ville de Paris, et réclamée par M. le Chef du pouvoir exécutif, dans les conférences qu'il a eues avec la commission, il y aurait 200 millions, total 860 millions. On dit qu'on ne connaît pas encore les pertes des chemins de fer et qu'elles s'élèvent à 30 millions. Il y aurait donc à peu près 900 millions.

Maintenant il y a les dommages, qu'on évalue à 200 millions, mais M. le Chef du pouvoir exécutif sait très-bien que les dommages du département de Seine-et-Oise sont compris dans ces 200 millions et que les dommages de Paris ne figurent dans ce chiffre que pour 57 millions au plus.

Il est évident que le chiffre ne s'élèverait jamais à plus de 800 et tant de millions. Ce sont là les chiffres réels. (Bruits et mouvements divers.)

Qu'est-ce que nous demandons? que l'on fixe le chiffre. Voulez-vous le fixer immédiatement?

M. LE MARQUIS D'ANDELARRE. — A la troisième lecture.

M. EMILE LEROUX. — Je sais qu'il y a des amendements dans ce sens.

La commission vous l'a dit hier et je le répète à la tribune : pour les départements envahis, elle accepte les 500 millions dont il a été question; mais elle demanderait, comme M. le Chef du pouvoir exécutif l'a promis, qu'on allouât immédiatement une somme pour venir en aide à ceux qui ont le plus souffert, et qui serait distribuée proportionnellement en raison de leurs pertes. (Approbation.) Messieurs, la réparation immédiate est indispensable, il y a des souffrances qui ne peuvent plus attendre.

Plusieurs voix. — Oui! oui! C'est entendu!

M. EMILE LEROUX. — Si l'Assemblée se trouve suffisamment éclairée, je n'ai plus qu'une chose à faire : céder la parole à M. le Chef du pouvoir exécutif, me réservant de répondre aux objections qui pourront être présentées. (Très bien ! très bien !)

M. LE PRÉSIDENT. — La parole est à M. le Chef du pouvoir evécutif.

M. THIERS, *Chef du pouvoir exécutif*. — Messieurs, je monte à cette tribune avec une intention qui conviendra, je l'espère, à l'Assemblée et à l'état d'esprit où elle se trouve ; c'est de clore la discussion en bien peu de mots, et de la terminer par la concession du point sur lequel il me semble que nous sommes d'accord. Ce point sur lequel nous sommes d'accord, sur lequel je l'ai toujours été avec la commission, c'est qu'il y a de grandes souffrances, et qu'il leur faut un large soulagement, et un soulagement très prochain. (Très-bien ! très bien !) Si c'est là ce que vous voulez, ce que je vous ai toujours concédé, lorsque vous m'avez fait l'honneur de venir m'entretenir de ce grave sujet dans mon cabinet, je suis prêt à le faire encore.

Il y a une autre question ; celle-là nous divise : c'est la question de principe. Je vous ai toujours supplié de ne pas la traiter avec moi, car vous ne pouviez pas, sur ce point, me convaincre , et par le motif que voici : c'est que j'ai avec moi le droit public sur lequel personne n'a jamais varié ; j'ai de mon côté nos lois qui, je vous le prouverais si je rentrais dans cette discussion, ne laissent pas le moindre doute. Les lois de la Révolution, que vous avez citées, ne disent pas ce que vous leur faites dire ; elles ne promettent qu'une chose, un large soulagement, proportionné aux souffrances qu'a causées la guerre, et aux moyens du pays. (Très bien ! très bien !)

L'Assemblée est fatiguée ; l'Assemblée, pleine de sens, veut des résultats et ne veut pas des discussions oiseuses. (Très bien ! très bien !)

Si vous désirez la discussion de principe, permettez-moi de vous le dire, vous aurez tort. Pardonnez-moi cette expression qui m'est inspirée non par l'orgueil, mais par la profondeur de ma conviction et de la connaissance que j'ai du sujet ; si nous entrons largement dans la discussion, je le dis à mes contradicteurs : vous n'aurez pas lieu de vous en applaudir.

Mais laissons cela, je vous le répète : le droit public, tel qu'il est partout admis, et notre législation, ne permettent pas d'hésiter. Mais il y a une chose qui, aux yeux des honnêtes gens, ne fait pas doute non plus ; l'Etat, c'est-à-dire le pays — je l'ai dit, il y a longtemps, dans une autre occasion — doit être un honnête homme, et un honnête homme ne peut pas assister à de grandes souffrances sans éprouver le besoin de les soulager. (Très bien ! très bien !)

Mais cet honnête homme est un père de famille ; et un père de famille, quelque bienveillant qu'il soit, trouve une limite dans son devoir même. Il sait ce qu'il se doit, ce qu'il doit à sa famille, ce qu'il doit à ses enfants ; s'il doit être bienfaisant, il doit l'être beaucoup, mais dans la limite de ses devoirs envers sa famille. (Marques d'assentiment.) L'Etat a une famille, c'est la France.

M. Buffet. — Toute la France !

M. le Chef du pouvoir exécutif. — Toute la France. Oh! la réserve est inutile.

M. Buffet. — Je demande la parole.

M. le Chef du pouvoir exécutif. — Les devoirs de l'Etat sont envers toute la France. Eh bien, la transaction que je vous ai proposée est celle-ci : la question de l'étendue des souffrances est contestable, elle est contestée pour vous comme pour nous.

Elle est tellement contestée pour vous, que, pour ne pas épouvanter l'Assemblée par l'énormité du chiffre, vous nous avez toujours dit que ce chiffre serait révisé, qu'il devait l'être, et que suivant un procédé avouable et accepté par les uns et par les autres, il serait très réduit.

Vous reconnaissez donc qu'il y a un travail nouveau à faire. Je vous propose de l'entreprendre tout de suite, et aussi prochainement que possible. Les départements nommeront une commission, et le Gouvernement, de son côté, nommera ses agents ; ainsi le travail sera fait contradictoirement et aussi expéditivement qu'il se pourra, de manière qu'au retour de l'Assemblée je prends l'engagement pour ma part, si je suis chargé de ce devoir, de vous soumettre pour premier travail les résultats de l'enquête.

A cette époque, nous connaîtrons mieux notre situation financière; nous aurons accompli, je l'espère, sans donner la moindre atteinte à notre crédit, la plus difficile des tâches, celle d'épargner à notre pays la présence coûteuse, affligeante de l'étranger.

Mais ce n'est pas seulement l'étendue des secours qu'il faut assurer, c'est sa proximité.

Les villes qui ont souffert, et surtout les campagnes, ont besoin avant les semailles, avant la fin de l'année, de recevoir les moyens de reprendre les travaux de l'agriculture. (Très bien! très bien !)

Alors, tous, agissant de bonne foi, de très bonne volonté, comme des hommes qui ne méconnaissent pas ces souffrances, et comme des hommes qui ne veulent pas les exagérer, nous arriverons à donner aux populations les secours que l'état de nos finances permettra d'accorder.

Si c'est là ce que vous voulez, je prends encore, comme je l'ai promis, devant l'Assemblée et devant le pays, l'engagement de le faire. Mais, de grâce, évitons une discussion dont je vous assure nos adversaires n'auront pas à s'applaudir...(Rumeurs sur quelques bancs.)

Je ne veux pas vous infliger ce mot de secours qui vous déplaît ; mais, permettez-moi de le dire, au nom de cette fraternité, mot que je n'aime point, parce qu'il en a été fait autrefois un usage sanglant (Très bien ! très bien !) au nom de la fraternité, puisque vous invoquez ce mot, n'ayez pas l'orgueil mal entendu de repousser l'Etat qui, en frère, vous dit : « Mon frère, je viens vous secourir. » Peut-on prendre cela pour un outrage? Non. Si vous voulez, nous dirons : « Mon frère, nous venons vous soulager. » (Sourires approbatifs.) Ne repoussez pas cela. Ayons de la dignité dans la souffrance, oui ; mais de l'orgueil, non. (Très bien ! — Applaudissements.)

Eh bien, Messieurs, je vous propose de nous en tenir à ces termes-là; ce sont ceux qui vous ont été proposés, que vous aviez semblé accueillir, et sur lesquels nous pouvons nous mettre d'accord.

De la première à la seconde lecture, j'ai proposé de m'entendre avec la commission pour arrêter une rédaction que nous pourrions, à la troisième lecture, accepter tous ensemble; je vous l'offre encore. Je vous dis dans quelle intention et dans quelle limite : oui, large et généreux soulagement, à l'époque la plus prochaine, après un examen très rapide dont le résultat sera apprécié à cette tribune comme la première de nos œuvres, la plus incontestable, la plus urgente, quand nous nous reverrons après quelques mois de repos. (Très bien! Très bien! — Applaudissements.)

M. Buffet. — Messieurs, je ne voudrais pas prolonger ce débat, et, si je ne puis admettre que la question soit posée comme vient de le faire M. le Chef du pouvoir exécutif, je m'associe complétemsnt au sentiment qui l'inspirait, lorsqu'il a exprimé l'espoir que cette discussion se terminerait par un accord.

Pour ma part, Messieurs, j'ai espéré jusqu'au dernier moment que ce débat même ne serait pas engagé, ou du moins, qu'il ne porterait que sur les détails et le mode d'exécution, et qu'une question aussi délicate, aussi brûlante serait résolue par l'accord unanime de tous les représentants de la France et de l'Assemblée avec le Gouvernement que nous avons mis à la tête des affaires. (Très bien ! très bien!) Si cet espoir ne s'est pas complétement réalisé dans la discussion, laissez-moi compter qu'il ne sera pas déçu au moment du vote et que ce vote n'établira pas une ligne de démarcation à jamais funeste... (Mouvement) entre les représentants des départements qui ont supporté les dommages immenses de l'invasion et ceux qui ont eu le bonheur d'en être préservés. (Applaudissements.)

Je suis donc tout disposé, pour ma part, à faciliter cet accord ; je suis disposé à admettre, d'après les données que nous avons jusqu'ici, et sauf à les contrôler ultérieurement, un sacrifice maximum fixé de manière à pouvoir réparer sérieusement les désastres de l'invasion pour les départements qui l'ont subie.

Je ne veux pas reproduire ici des distinctions juridiques et, permettez-moi de le dire, étrangères à ce débat... (Très bien ! très bien !) porté devant l'Assemblée nationale et non devant un tribunal civil ou un conseil de préfecture chargés d'appliquer une loi écrite. Personne n'a prétendu ici que les désastres de l'invasion donnent ouverture, pour ceux qui les ont endurés, à une action juridique contre l'Etat. Si cette action était ouverte par nos lois, la proposition qui vous est soumise serait complétement inutile. (Très bien! très bien !)

Je n'examine pas si ces dommages donnent à ceux qui les ont éprouvés le droit d'en réclamer la réparation, ou si c'est simplement le devoir de l'Etat d'accorder cette réparation. (Très bien ! très bien ! sur divers bancs.) J'accepte le devoir, mais à une condition, c'est que, comme je le disais à l'instant, ce soit un devoir de réparation et non un devoir de secours et en quelque sorte d'aumône. (Vif assentiment sur les mêmes bancs.)

Mais je ne saurais rester indifférent au caractère et à l'étendue qu'on donnerait à ce devoir.

L'honorable Chef du pouvoir exécutif disait tout à l'heure : « L'Etat est un bon père de famille, il doit soulager ceux qui souffrent, mais dans la mesure de ses forces. »

Eh bien, Messieurs, quand un père de famille vient au secours de misères dont il n'est pas l'auteur, dont il n'est pas responsable, il accomplit un devoir de bienfaisance, un devoir de charité. Mais dans les circonstances actuelles, la réparation que demandent les départements envahis, c'est la réparation d'un dommage dont l'Etat tout entier est cause, et dont l'Etat tout entier est responsable. (Nouvelle approbation.)

M. LE CHEF DU POUVOIR EXÉCUTIF. — Et les départements envahis aussi !

M. BUFFET. — L'illustre Chef du pouvoir exécutif m'interrompt et me dit : « Et les départements envahis aussi ! »

Assurément, comme contribuables ils concourront pour leur part proportionnelle à la réparation qu'ils demandent. (Très bien !)

M. de Ventavon nous disait hier : « Définissez cette solidarité ? » La définition est bien simple : quand l'Etat agit, l'Etat, c'est-à-dire l'ensemble des contribuables, est responsable des conséquences de ses actes. (Interruptions diverses. — Oui ! oui ! — Non ! non !)

Et quand ces conséquences sont désastreuses, il n'a pas le droit de faire peser exclusivement certaines d'entre elles sur une partie du pays.

On vous a dit que les charges qui résulteraient de cette solidarité seraient accablantes pour l'Etat. Comment ! Messieurs, vous dites qu'elles seraient accablantes pour la France entière ; et que seront-elles donc pour les trente-trois départements auxquels on voudrait les laisser, au moins pour la plus forte part ?

De divers côtés. — C'est cela! Très bien ! très-bien !

M. BUFFET. — Vous admettez la répartition générale pour les impôts, elle a été formellement reconnue par M. le ministre des finances, au nom du Gouvernement ; c'est-à-dire que vous admettez la répartition pour une catégorie de dommages qui, sans doute, ont pesé d'un poids très lourd sur ces départements, mais qui, au moins, ont déjà été, en général, l'objet d'une répartition plus ou moins proportionnelle entre les citoyens qui appartiennent à ces départements, et qui n'ont été, en définitive, qu'un prélèvement très considérable sans doute sur le revenu de chacun.

Et lorsqu'il s'agit de dommages matériels, dont le chiffre total est écrasant pour le pays, vous voudriez les faire supporter, non pas même par toutes les forces contributives des départements où ces dommages ont eu lieu, mais par les individus qui, dans cette région, en ont été les victimes. Le fardeau écrasant pour les finances de la

France serait rejeté sur quelques milliers de citoyens. Vous ne soulageriez que les nécessiteux? C'est là ce qu'il m'est impossible d'admettre. (Vives et nombreuses marques d'approbation.)

J'ajoute que sur le principe même, non d'un secours, mais d'une réparation, le Gouvernement est engagé. (Interruptions diverses.) Permettez-moi de vous le démontrer en très-peu de mots. (Parlez ! parlez !) Je ne voudrais pas rentrer dans des détails inutiles, et reproduire les observations si décisives qui ont été faites hier, dans son excellent discours, par M. le rapporteur de la Commission, et, tout à l'heure, par l'honorable M. Leroux, mais je dis, après eux, que le Gouvernement est engagé sur la question de réparation par ses déclarations et par ses actes.

En effet, le rapport de l'honorable M. de Melun constate « que la Commission d'initiative ne peut qu'approuver le principe de la répartition sur toute la France des désastres de la guerre, principe admis par le Gouvernement lui-même. »

Mais il y a plus :

« Dans la commission chargée de l'examen du projet de loi relatif à la répartition des dépenses occasionnées par la mobilisation des gardes nationales, M. le ministre des finances, que je vois à son banc, a été entendu ; il a non-seulement reconnu qu'il y avait entre cette répartition et celle des dommages causés par la guerre aux départements anvahis une étroite connexité, car il serait vraiment trop étrange de répartir sur les départements envahis les dépenses de la mobilisation et des réquisitions françaises, et de laisser à leur charge exclusive les réquisitions que l'ememi a faites chez eux ; mais M. le ministre des finances a déclaré, je l'ai lu dans le procès-verbal, et j'espère qu'il n'en contestera pas l'exactitude, M. le ministre des finances a déclaré, « au nom du Gouvernement », qu'il ne pouvait admettre que ce projet fût adopté en faisant abstraction de l'indemnité, et non du secours, à accorder aux départements envahis.

On vous a rappelé, à côté des déclarations du Gouvernement, ses actes : ces commissions cantonales, instituées en vertu d'une décision et d'une circulaire de M. le ministre de l'intérieur, commissions cantonales qui avaient pour but, non pas de constater s'il y avait des misères à secourir, dans certaines parties de la France, mais d'apprécier l'étendue des désastres, de recueillir et de contrôler les demandes de réparations.

Eh bien, Messieurs, les populations n'ont-elles pas dû croire que, si l'on s'appliquait ainsi à constater avec précision l'étendue des dommages, c'est qu'on avait la volonté de les réparer ? Les populations ont-elles pu supposer que l'on faisait un simple travail de statistique et de pure curiosité ? (Très bien ! très bien ! à gauche.) Ont-elles pu supposer que lorsque les investigations et les vérifications portaient sur les dommages matériels de toute nature, c'était simplement pour accorder un secours et en quelque sorte une aumône à des nécessiteux ? Evidemment elles ne l'ont pas cru, elles ont été convaincues qu'il s'agissait d'une réparation véritable.

S'il avait pu rester un doute dans leur esprit, ce doute aurait été dissipé par une déclaration que M. le Chef du pouvoir exécutif a faite à cette tribune. Vous avez entendu l'honorable M. Thiers vous dire qu'on avait promis, non pas d'indemniser de pauvres gens qui pourraient se trouver réduits à la misère dans le quartier du Point-du-Jour, mais qu'on avait promis de relever et de réparer les maisons détruites par l'action de notre artillerie.

Quand on a entendu cette déclaration, est-ce que le pays n'a pas dû la considérer comme une extension, exagérée peut-être, et que pourtant je ne conteste pas, mais au moins comme une extension bienveillante du principe de la solidarité nationale, et non comme une restriction de ce principe au cas où il est le moins applicable ?

Le pays n'a pu penser que quand les dommages ont été encourus, quand des propriétés ont été détruites par suite de l'action de l'Etat, des résolutions de l'Etat, de la guerre déclarée par l'Etat, on viendrait ultérieurement soutenir que l'on ne doit pas de réparation, mais que la réparation sera complète quand le dommage a été causé par suite d'une rébellion contre l'Etat et pour faire rentrer dans l'obéissance à l'autorité légitime une ville insurgée, ou plutôt victime et au pouvoir d'une insurrection.

Est-ce que l'Etat est solidaire d'une émeute dirigée contre lui ? Est-ce qu'il est responsable des dommages nécessités par sa répression ? Quand pour rétablir l'autorité des lois, votre autorité dans la capitale, notre artillerie a dû démolir quelques maisons, le principe de la solidarité et de la responsabilité apparaîtrait et il serait méconnu quand il s'agirait de relever de ses ruines la ville de Châteaudun, victime de son héroïque défense? Ce principe de solidarité et de responsabilité ne s'appliquerait pas à toutes ces villes qui ont résisté courageusement pour l'honneur de la France ; il ne s'appliquerait pas à ces citoyens courageux, victimes aussi de leur dévouement, que je ne veux pas citer, parce que je n'en finirais pas? Je ne rappellerai ici qu'un fait, qu'une lettre me rappelait, il y a quelques jours. Un honorable cultivateur, maire d'une commune de mon département, avait recueilli chez lui, après un engagement malheureux, quelques soldats épuisés, il leur avait donnée à manger et à boire ; sa maison était incendiée et son fils, père de famille et qui habitait une maison voisine était fusillé. (Profonde sensation.)

Comment ! à cet homme vous donnerez simplement un secours et aux propriétaires peut-être riches des maisons du Point-du-Jour vous donnerez une indemnité ! vous relèverez leurs maisons ! Non, Messieurs, une telle distinction est impossible ! (Vifs applaudissements sur un grand nombre de bancs.)

Je ne veux pas multiplier les citations, mais laissez-moi vous dire un mot des amendes.

Il y a une petite ville, un chef-lieu de canton du département que j'ai l'honneur de représenter, — ce fait a été déjà cité par mon honorable collègue, M. George, — dont la garde nationale a arrêté pendant près de dix heures un corps d'armée. Le lendemain on a arraché de leurs maisons et fusillé vingt-cinq de ces braves gardes nationaux, et on a imposé à la ville une contribution de 200,000 francs. (Mouvement.) Et à cette ville patriotique vous ne donnerez pas une réparation, pas un simple secours, parce que l'Etat est un père de famille bienfaisant! (Nouveau mouvement. — Très bien !)

Non, Messieurs, si la réparation n'est pas pour elle un droit, elle est certainement pour la France un devoir tellement impérieux, qu'elle ne saurait s'y soustraire. Ecartons donc les vaines distinctions. (Nombreuses marques d'approbation.)

Je suis, pour ma part, tout disposé à me prêter aux arrangements équitables, mais dont on ne faussera pas le caractère, qui pourront amener, dans cette Assemblée, un vote unanime ; j'appelle ce vote unanime de tous mes vœux ; et, permettez-moi de vous le dire ici, je l'appelle non dans l'intérêt spécial de certains départements, mais bien plus encore dans l'intérêt général de la France. (Oui ! oui ! Très bien !)

Nous allons avoir, par suite des désastres de cette guerre malheureuse, à demander au pays d'énormes sacrifices ; votre patriotisme ne reculera pas devant l'impopularité qui pourra s'attacher au vote de ces lois d'impôts. La commission du budget, dont j'ai l'honneur d'être membre, cherchera à les établir de la manière la plus équitable. Mais quand il s'agit d'imposer des charges aussi considérables, on est bien forcé de reconnaître que la répartition justement proportionnelle, qui est le but, est un but bien difficile à atteindre. La nécessité de supporter ces charges nouvelles est aujourd'hui reconnue en principe et adoptée avec une résignation généreuse par le pays ; mais, quand il s'agira de les acquitter, quand ces impôts exigeront de pénibles sacrifices de tout le monde et causeront une véritable gêne à un grand nombre, permettez-moi de vous le dire, il faudra au moins qu'à ce moment-là leur poids ne soit pas rendu plus intolérable encore dans une grande partie de la France par le sentiment d'une amère injustice. Il ne faut pas que la France se croie divisée en deux parties, l'une qui aura subi seule tous les dommages de l'invasion et qui, si la guerre se renouvelait un jour, serait encore exposée à les subir seule de nouveau et à les cumuler avec sa part proportionnelle dans les frais généraux, tandis qu'une autre partie du pays ne supporterait que ceux-ci.

Il ne faut pas établir sur notre territoire cette ligne déplorable de démarcation. Vingt-cinq ou trente millions ajoutés annuellement à notre énorme budget et représentant l'intérêt des rentes ou des obligations à émettre pour réparer convenablement ces désastres et ces dommages ; permettez-moi de dire que, même au point de vue financier, et vous savez combien il me préoccupe, même au point de vue financier, cette charge additionnelle, au lieu de rendre le fardeau plus lourd, le ferait réellement paraître plus léger ou du moins plus facile à supporter. (C'est vrai ! très bien !) parce qu'alors nous nous sentirons tous unis dans ce sentiment de solidarité nationale, dans un désir commun de relever notre pays, non par des discours, par de vaines bravades, mais en travaillant courageusement, énergiquement, par le labeur de chaque jour, à reconstituer ses forces.

Pour moi, je le déclare : sans doute, j'ai le devoir, comme représentant d'un de ces départements malheureux, de plaider leur cause devant vous, mais j'ai aussi le sentiment qu'en plaidant cette cause, c'est vraiment la cause de l'unité, de cette unité morale et politique du pays qui nous est chère à tous ; c'est la cause de la force, de la puissance nationale de la France, c'est la cause de son avenir que je soutiens ; et j'espère fermement, malgré les incidents de ce débat, que sur le principe, et, en même temps, sur son application qui pourra être définie lorsque nous examinerons les détails de la loi, nous serons tous d'accord. (Très bien ! très bien !)

Je conjure l'Assemblée de ne pas se diviser sur cette question. Nous ferons, chacun de notre côté, les sacrifices qui sont compatibles avec une saine appréciation des choses ; mais nous ne pouvons pourtant pas pousser le sacrifice au point de dire que nous acceptons une sorte d'aumône pour des malheureux. C'est une réparation, une indemnité juste que nous demandons. (Vive approbation et applaudissements prolongés sur un grand nombre ne bancs.)

M. LE CHEF DU POUVOIR EXÉCUTIF. — Messieurs, je dois protester en bien peu de mots contre les dernières expressions qu'a employées l'honorable orateur qui descend de la tribune. Je n'ai ni prononcé le mot d'aumône, ni même employé des expressions qui pussent en indiquer le sens. J'ai dit que l'Etat, malheureux, lui aussi, plus malheureux peut-être que nos départements... (Réclamations sur un certain nombre de bancs. — Approbation sur d'autres.)

Comment! l'Etat vient de subir, par l'égarement d'un gouvernement qui n'est plus, les charges effroyables d'une guerre désastreuse, la plus désastreuse qu'il ait faite depuis des siècles, il vient de perdre deux de ses provinces, il est obligé d'ajouter à ses impôts un surcroît dont vous-mêmes, plus que personne, connaissez le poids, car tous les jours vous discutez avec nous les moyens de le rendre supportable, et vous ne permettrez pas de dire que l'Etat est malheureux, lui aussi ! Vous dites que nous n'agissons pas en frères ! Je vous répondrai que vous n'agissez pas en frères ni en citoyens, quand vous contestez les malheurs et les calamités de l'Etat.

M. Buffet. — Ces malheurs communs sont supportés par nos départements comme par les autres.

M. le Chef du Pouvoir exécutif. — Vous représentez, vous le déclarez vous-même, un département frontière, un de ceux qui ont souffert ; c'est votre droit, je le reconnais ; mais c'est mon droit aussi, je dirai plus, c'est mon devoir le plus sacré de défendre ici les intérêts de l'Etat, de défendre ses finances, de défendre les principes qui sauvegardent sa fortune.

Je ne veux pas rentrer dans la discussion où cependant vous êtes rentré sans le dire et sans en convenir. (Réclamations sur quelques bancs. Assentiment sur d'autres.)

Lorsque je n'apporte ici que les expressions les plus respectueuses, les plus sympathiques pour le malheur, on ne veut pas nous permettre de sauvegarder aussi la dignité de l'Etat, quand on met tant de soin à sauver celle des départements. Si l'on vient ainsi m'interrompre, il faudra dire alors que la discussion n'est pas libre ! Et si elle ne l'est pas, je ne vous fatiguerai pas de ma présence ; je quitterai la tribune. (Parlez ! parlez !)

Je représente ici l'intérêt de l'Etat, je dois représenter également sa dignité. Je ne m'adresse à aucune passion, je ne m'adresse qu'à un sentiment que nous éprouvons tous, celui de l'intérêt public. Tout blessé qu'il est, il ne crie pas, celui-là. Il n'y a que l'intérêt individuel qui crie. (Mouvement.)

M. Léon de Malleville. — Très bien !

M. le Chef du Pouvoir exécutif. — Je représente cet intérêt silencieux, profond dans les âmes; compris surtout par les gens de bon sens, qui a, en France, beaucoup d'écho, et c'est ce qui me donne la confiance de venir résister ici à des passions très vives, très bruyantes, et je dirai très exigeantes. (Réclamations sur quelques bancs.) Oui, Messieurs, mais quand je fais mon devoir, les applaudissements d'un côté et les interruptions de l'autre ne sont pour moi d'aucune considération. J'ai le sentiment que je défends ici les intérêts les plus sacrés de la France. Moi qui connais sa situation, qui sais quels ménagements il a à garder pour que sa fortune puisse suffire à des charges immenses, je remplis un devoir pénible, douloureux, mais rien n'empêchera de le remplir tout entier. Nous n'avons pas à faire une aumône, comme vous l'avez dit faussement. (Nouvelles réclamations sur les mêmes bancs.) Oui, vous l'avez dit faussement.

M. Buffet. — Comment, faussement? Est-ce qu'un secours n'est pas une aumône?

M. le Chef du Pouvoir exécutif. — Je viens vous offrir, je vous l'ai dit, un large et généreux soulagement qui n'est pas une dette, permettez-moi d'appuyer sur le mot; car, si c'est une dette. il faut indemniser, en même temps que le pauvre fermier et le pauvre agriculteur ruinés, le propriétaire de château, qui n'a pas besoin de votre indemnité. (Très bien! très bien!)

Pourquoi, lorsqu'il s'agit de réparer les maux de la guerre, n'a-t-on jamais admis le mot de dette? Parce que l'on a voulu venir à l'aide de l'infortune, qui ne pouvait pas se passer du secours de l'Etat, et non pas venir à l'aide du riche propriétaire. Je ne suis pas de ceux qui veulent fomenter la guerre du pauvre contre le riche, à Dieu ne plaise! C'est une guerre impie! Mais je dis que lorsque l'Etat se trouve dans cette situation si difficile d'avoir à soulager de tels malheurs, c'est au secours de la pauvreté, de la véritable infortune qu'il doit venir et non pas au secours de la richesse, qui n'a pas besoin de son aide. (Applaudissements sur un grand nombre de bancs.)

Non, Messieurs, je le dis: il ne s'agit pas ici d'une dette, il s'agit d'un acte de bienfaisance et de générosité nationales. Dans ce cas-là, on ne secourt que l'infortune démontrée, l'infortune navrante, celle qui a besoin d'un secours immédiat, et ensuite on ne le fait que dans la mesure des ressources de l'Etat. Ce sont là les motifs qui, à toutes les époques, ont servi de base aux principes du droit et aux principes de conduite de tous les gouvernements.

Et quant à ces quartiers de Paris dont vous avez parlé tout à l'heure, et à l'occasion desquels vous avez dit que nous ne voulions pas secourir les chaumières, tandis que nous allions relever la demeure du riche dans la partie de la ville que nous avons attaquée, ah! messieurs, vous n'avez pas vu ces quartiers qu'on vous dépeint si étrangement. La demeure du riche! Et où est-elle? Allez chercher la demeure du riche dans ces quartiers écrasés, sous les bombes et les boulets, non pas de l'ennemi, mais de notre propre armée, mais de la France, mais du droit national, qui voulait à tout prix rétablir l'ordre, indispensable à la vie même de la nation. Et savez-vous quel est le principe qui en ceci a fondé le droit? C'est que, lorsque le Gouvernement fait intentionnellement un acte, avec une volonté arrêtée, non pas au hasard, mais avec réflexion, il doit l'indemnité tout entière, conséquence du dégât qu'il a causé. Lisez nos lois, étudiez les principes du droit public, et vous verrez que la distinction est toujours celle-ci.

L'Etat n'indemnise jamais des hasards de la guerre, il n'indemnise que des dommages volontaires, intentiounels, réfléchis, dont il est l'auteur.

Voici tout le secret de notre conduite.

On nous reprochait de vouloir accabler Paris d'obus, de vouloir l'anéantr tout entier sous les bombes du Gouvernement de Versailles, comme on disait, bien que ce fût le Gouvernement de toute la France. (Oui! oui! — Très bien! très bien!)

Qu'avons-nous fait? En prenant les conseils des hommes les plus expérimentés, nous avons dirigé l'attaque sur un seul point, et cette attaque nous l avons rendue formidable. Nous avons brisé, — allez le voir encore dans son bouleversement douloureux, — nous avons écrasé un côté très limité de Paris, sachant ce que nous faisions. Oui, nous savions que nous n'atteignions là que la demeure du pauvre.

Eh bien, devant cette terrible nécessité, devant cette nécessité qui m'a fait passer de si cruels moments... (l'émotion étouffe la voix de l'orateur) j'ai dû me dire : oui, il faut qu'une partie de Paris soit écrasée ! Et elle l'est : allez la voir! (Sensation générale et profonde.)

C'est la demeure du pauvre. Mais je n'ai pas craint devant vous, devant la France, de prendre l'engagement d'indemniser les victimes, et j'espère que vous ne fausserez pas la parole que nous avons donnée. (Vive adhésion et applaudissements.)

Je n'insisterai pas davautage. Nous n'entendons pas offenser le malheur ; nous sympathisons avec lui, nous le respectons ; nous n'em-

ployons pas un seul mot d'orgueil ; n'en em-
ployez pas non plus de votre côté ; l'orgueil n'est
pas plus permis de la part de ceux qui souffrent
que de la part de ceux qui donnent. C'est avec
une sympathie véritable, profonde, dont n'ont
pas pu douter les membres de la commission
quand ils sont venus nous entretenir de ce sujet,
c'est sous l'empire de ce sentiment que nous
agissons ; mais nous sommes obligés aussi de
consulter la prudence, et c'est pour cela que, re-
poussant les discussions de principes sur lesquelles nous avons la certitude d'avoir raison
contre nos contradicteurs, nous nous bornons à
ce fait sur lequel nous sommes tous d'accord et
tous unis, à savoir qu'il y a des souffrances qu'il
faut soulager ; mais il faut connaître d'abord ces
souffrances, puis il faut voir quelles sont les ressources du pays, et prononcer après cet examen.

C'est ce que nous vous avons proposé et ce
que nous vous proposons encore. Si vous voulez la lutte acharnée sur les principes et les
théories générales, nous y souffrirons. Mais je ne
vous conseille pas de l'accepter. (Mouvements
divers.)

J'espère que l'Assemblée partagera le sentiment
que j'exprime et qu'elle adoptera l'idée que
j'énonce, celle de soulager le malheur dans la
proportion que nos moyens nous permettront d'y
appliquer. (Vifs applaudissements.)

(Une longue agitation succède à ce discours.
Des conversations particulières s'engagent sur
tous les bancs, dans les couloirs de la salle et au
pied de la tribune.)

M. Albert Grévy, *rapporteur, à la tribune.* — Messieurs... (Aux voix ! aux voix !) Je ne veux dire qu'un mot...

(Le bruit et l'agitation empêchent M. le rapporteur de se faire entendre.)

M. le Président. — Messieurs, permettez de reprendre la délibération.

Si je ne puis obtenir le silence, je serai obligé de suspendre la séance.

Messieurs, cette attitude de l'Assemblée n'est vraiment pas raisonable. Voilà un quart d'heure que je sollicite le silence sans pouvoir l'obtenir ! Nous nous plaignons de ne pas avancer assez rapidement dans nos travaux, et nous perdons des demi-heures à chaque incident qui se produit ! Je vous demande pourquoi ? Quelles sont donc les conversations particulières si intéressantes qui peuvent rompre ainsi la suite de nos délibérations ?

De divers côtés. — Vous avez raison ! — Très bien ! très bien !

M, le Président. — J'aurais désiré que soit M. le président du conseil, soit M. le rapporteur de la commission, formulât d'une manière très nette et très précise l'issue qu'ón paraît vouloir donner à ce débat.

On parle d'un accord possible, si désirable, qui se réaliserait d'ici à la troisième délibération.

Il y a, pour arriver à cet accord, deux moyens praticables.

Le premier moyen consisterait à passer à la troisième délibération, après avoir vidé la deuxième. Mais il ne pourrait être suivi que si les

auteurs des amendements proposés consentaient
à les retirer, sauf à les reproduire à la troisième
délibération. Autrement nous serions obligés de
les discuter et de voter sur les articles contestés
du projet, ce qui évidemment ne nous conduirait
pas au but indiqué. (C'est vrai ! c'est vrai !)

Le second moyen, également praticable, consisterait à prononcer l'ajournement pur et simple de la délibération dans l'état où elle est.
(Assentiment sur un grand nombre de bancs. —
Réclamations sur quelques autres.)

M. Depeyre. — L'ajournement !

M. le Président. — Je n'entrevois pas un
troisième moyen de sortir de la situation.

Avant de statuer définitivement, si nous voulons laisser au Gouvernement et à la commission
le temps de s'entendre, il n'y a, selon moi, que l'un
de ces deux moyens qui soit practicable. (C'est
vrai ! c'est vrai !)

Quel est, Messieurs, celui qui vous convient le
mieux ?

Sur divers bancs. — Le second ! — L'ajournement pur et simple !

M. le Chef du pouvoir exécutif. — Voici, Messieurs, ce sur quoi nous étions d'accord, ou, du
moins, ce sur quoi nous paraissions être d'accord avec les membres de la commission.

Je n'avais dit à la commission que ce que j'ai
dit ici plusieurs fois : d'abord, résolution très
arrêtée du Gouvernement de procurer un large
soulagement, et un soulagement immédiat aux
départements qui ont souffert ; en second lieu,
nécessité d'un travail préalable constatant l'éten-

due du mal et le chiffre des sommes au moyen desquelles on pourrait le réparer ; enfin, comparaison à faire de l'étendue de ce mal avec les ressources disponibles du Trésor public, le chiffre étant définitivement fixé, non pas par nous, mais par l'Assemblée qui, seul, a pouvoir de le faire.

Il m'avait semblé que nous étions d'accord pour arrêter une rédaction définitive sur ces bases

Après les discussions qui ont eu lieu ici, je crois qu'on peut renvoyer le-projet à la commission. Nous ferons tous nos efforts, de part et d'autre, j'en suis convaincu, pour nous mettre d'accord, — ce ne sera peut-être pas en vingt-quatre heures que nòus pourrons y arriver, — mais après quelques conférences, j'espère que nous nous entendrons sur une rédaction qui puisse servir de base à la conclusion qui doit avoir lieu sur la seconde lecture.

Si l'Assemblée veut voter, dès aujourd'hui, sur les articles présentés, soit ; mais à la condition qu'ils ne nous engageront pas, car ils ne rendent pas notre pensée. (Exclamations sur divers bancs.)

Voix nombreuses. — Ajournons ! C'est bien plus simple !

M. LE CHEF DU POUVOIR EXÉCUTIF. — Quant à moi, j'accepte l'ajournement si, de son côté, la commission l'accepte, et nous tâcherons, le plus tôt possible, de nous mettre d'accord sur une rédaction acceptable par les uns et par les autres. (Assentiment.) S'il y a un différend, c'est vous qui en jugerez. (Nouvel assentiment.)

M. Albert Grévy. — Messieurs, M. le Chef du pouvoir exécutif nous a déclaré, il y a deux jours, dans son premier discours, qu'il consentait à ce ce qu'on passât à la troisième délibération, en maintenant le projet tel qu'il est, sauf, dans l'intervalle de la seconde à la troisième délibération, à examiner les propositions qui pourraient être faites par le Gouvernement. Je ne crois pas que M. le Chef du pouvoir exécutif s'oppose, maintenant, à cette issue. Toutefois, je ferai remarquer à l'Assemblée que, il y a huit jours, la seconde délibération réglementaire a été ajournée, et que si elle n'a pas lieu aujourd'hui, je ne sais pas comment nous finirons. (Mouvement prolongé !)

M. Paul Besson. — Je demande la parole.

M. de Ventavon. — Messieurs, voici quelle doit être, suivant moi, la clôture de cet incident.

Il est un point reconnu par tout le monde, c'est que l'on doit donner aux départements envahis une somme importante ; si même je prends les paroles de l'honorable M. Buffet, la discussion a fait un grand pas, car ce n'est plus une indemnité dont le montant serait incertain, c'est une somme fixe qu'il entend, au nom des départements envahis, demander à l'Assemblée.

Ainsi, le différend ne roulerait plus que sur le choix des expressions ; or, comme il est encore dans l'intention de tous que les termes employés dans la loi ne puissent blesser personne, l'entente se fera facilement.

Mais M. le Chef du pouvoir exécutif désire étudier quelques chiffres...

M. LE CHEF DU POUVOIR EXÉCUTIF. — Non ! non !

M. ÉE VENTAVON. — D'autres membres de l'Assemblée veulent avoir une connaissance plus parfaite, soit des dommages réels qui ont été causés par l'invasion, soit des ressources du budget de l'Etat.

Dans cette position, il s'agirait de donner, dès à présent, ou dans le délai le plus court, une somme d'argent comme provision ou comme àcompte sur ce qui sera plus tard attribué aux départements envahis. Mais en prenant une mesure provisoire, il faut évidemment que la question de fond soit pleinement réservée, et c'est pourquoi il convient d'ajourner purement et simplement la seconde délibération.

Voix diverses. — L'ajournement. — Aux voix ! aux voix !

M. VICTOR LEFRANC, *Ministre de l'agriculture et du commerce*. —Messieurs, nous avons déjà, plusieurs de mes collègues et moi, essayé d'arrêter dans notre esprit, et même par écrit, la rédaction qui terminerait la difficulté qui nous préoccupe en ce moment, mais qui, heureusement, me paraît avoir cessé de nous diviser.

Je vais vous prouver, en ce qui nous concerne, la confiance que nous avons dans l'unanimité, que tout le monde doit désirer, en vous demandant simplement, afin d'éviter les interprétations résultant de l'adoption d'un texte qui, plus tard, pourrait être modifié, d'ajourner à mardi. D'ici là, une rédaction serait étudiée par la commission qui désire s'entendre évidemment avec nous, par nous qui désirons plus ardemment encore nous entendre avec la commission, et, surtout, par elle, avec l'Assemblée.

Il est impossible qu'avec le patriotisme dont nous sommes tous animés, dans une question aussi douloureusement urgente que celle-là, nous ne trouvions pas un moyen de venir immédiatement au secours de ceux qui souffrent, et en même temps, de poser la certitude que le premier mouvement de fraternité ne s'arrêtera pas là, et que nous irons jusqu'où s'arrêtera la prudence, en augmentant le secours... (Rumeurs sur divers bancs.) que nous accorderons à ceux qui souffrent le plus, par la diminution même de ce que l'on donnera à ceux qui n'ont pas les mêmes besoins. (Très bien ! très bien !)

M. Président — La parole est à M. le rapporteur.

M. le Ministre de l'Agriculture et du Commerce — Permettez !... Il paraît que j'ai prononcé le mot « secours » au lieu de prononcer le mot « somme ». Je rectifie l'erreur que j'ai commise. Le mot « somme » traduit bien la pensée que j'ai voulu exprimer. (Très bien! très bien!)

M. le Rapporteur. — Il est impossible à la commission de ne pas admettre l'ajournement à mardi. (Très bien ! très bien !)

Seulement nous supplions le Gouvernement de ne pas attendre à mardi matin pour nous communiquer ses propositions. (Mouvements divers.)

M. le Président. — Il n'y a pas d'opposition à l'ajournement de la délibération à mardi?...

De touets parts. — Non! non!

M. LE PRÉSIDENT. — L'ajournement est prononcé.

—

SÉANCE DU 8 AOUT

L'ordre du jour appelle la suite de la délibération sur la proposition de MM. Claude (Meurthe) et plusieurs de ses collègues, tendant à faire supporter par toute la nation française les contributions de guerre, réquisitions et dommages causés par l'invasion.

La parole est à M. le rapporteur.

Un membre. — L'Assemblée n'est pas en nombre!

M. LE PRÉSIDENT. — Elle sera en nombre quand il s'agira de voter.

M. ALBERT GRÉVY, *rapporteur.* — Messieurs, j'ai l'honneur de soumettre à l'Assemblée la nouvelle rédaction sur laquelle le Gouvernement et la commission se sont mis d'accord. (Très bien! très bien! — Marques générales de satisfaction.) Les trois articles du projet primitif, remaniés dans leur texte, se trouvent aujourd'hui précédés d'un préambule et suivis d'une disposition additionnelle.

Voici la nouvelle rédaction que nous regrettons de n'avoir pu faire imprimer et distribuer avant la séance :

« Considérant que, dans la dernière guerre, la partie du territoire envahie par l'ennemi a supporté des charges et subi des dévastations sans nombre ;

« Que les sentiments de nationalité, qui sont dans le cœur de tous les Français, imposent à l'Etat l'obligation de dédommager ceux qu'ont frappés, dans la lutte commune, ces pertes exceptionnelles, (Très bien ! très bien !)

« L'Assemblée nationale, sans entendre déroger aux principes posés dans la loi du 10 juillet 1791, et le décret du 10 août 1863,

« Décrète :

« Art. 1er. — Un dédommagement sera accordé à tous ceux qui ont subi, pendant l'invasion, des contributions de guerre, des réquisitions, soit en argent, soit en nature, des amendes et des dommages matériels.

« Art. 2. — Ces contributions, réquisitions, amendes et dommages seront l'objet d'une nouvelle enquête, exécutée dans le délai le plus rapproché.

« Cette enquête, ouverte dans chaque département, sera dirigé par les représentants des ministres de l'intérieur et des finances, agissant conjointement et contradictoirement avec des commissions cantonales élues par la réunion au chef-lieu des maires de canton.

« Une commission départementale, nommé par le conseil général, revisera, contradictoire-

ment aussi avec les représentants du Gouvernement, le travail des commissions cantonales et
fixera le chiffre définitif des pertes justifiées.

« Art. 3, — Lorsque l'étendue des pertes aura
été ainsi constatée, une loi fixera la somme que
l'état du Trésor public permettra de consacrer
au dédommagement de ces pertes et en déterminera la répartition. (Très bien !)

« Une somme de cent millions sera mise immédiatement à la disposition du ministre des finances et répartie entre les départements, pour
être distribuée par le préfet, assisté par une commission nommée par le conseil général et prise
dans son sein, entre les victimes les plus nécessiteuses de la guerre et les communes les plus
obérées. (Très bien ! très bien !)

« Cette première allocation fera partie de la
somme totale attribuée à chaque département
pour être distribué entre tous les ayants droit. »

Messieurs, je dois ajouter immédiatement et
comme appendice aux dispositions écrites, que,
en dehors et indépendamment de ces dispositions, il est entendu que la question des impôts
sera réglée ainsi qu'il a été déclaré à cette tribune, c'est-à-dire que les contribuables qui ont
payé leurs impôts aux autorités allemandes sont
dès maintenant libérées et ne les payeront pas
une seconde fois au Trésor français... (Très bien !),
et que, de plus, les villes, les communes, qui ont
avancé des sommes à titre d'impôts, seront remboursées directement par le Trésor, sauf à l'Etat
à faire payer les contribuables qui n'auraient
point acquitté leurs propres impôts. (Très bien !)

Voilà, je le répète, ce qui, en dehors des dispositions écrites, a été formellement entendu.

Quant à ces dispositions, je ne dirai qu'un seul mot pour préciser le sens et la portée de chacun des trois articles.

On déclare dans le préambule que c'est une obligation pour l'Etat... (Exclamations ! — Assez ! — Aux voix !)

De divers côtés. — Ne rentrez pas dans le débat !

Tout le monde est d'accord !

M. LE RAPPORTEUR. — Soit ! je n'insiste pas.

M. LE PRÉSIDENT. — M. le colonel Denfert avait déposé un amendement sur l'article 1er. — Son intention, je crois, est de le retirer ? (Oui ! oui !)

Un membre. — Le retrait était convenu dans le cas d'accord entre le Gouvernement et la commission.

M. LE PRÉSIDFNT. — Indépendamment de l'amendement de M. le colonel Denfert, lequel est retiré, d'après l'avis qu'il m'en a lui-même donné dans le cas où un accord aurait été conclu entre le Gouvernement et la commission, il reste encore deux amendements. (Exclamations.)

M. DUCUING. — Qu'on les retire !

M. LE PRÉSIDENT. — M. Anisson-Duperron retire le sien. (Très bien !)

M. Raudot retire également son amendement. (Très bien ! très bien !)

M. RAUDOT. — Je l'ai retiré, mais je le représenterai à la troisième lecture !

M. le Président. — Je mets aux voix le préambule et l'article 1er dont il vient d'être donné lecture à la tribune.

(Le préambule et l'article 1er sont mis aux voix et adoptés.)

M. Ulric Perrot a présenté sur l'article 2 un amendement en six articles. (Exclamations !)

M. Ulric Perrot est-il présent ?... (Non !)

Je mets aux voix l'article 1er de l'amendement de M. Ulric Perrot...

Plusieurs membres. — L'amendement n'est pas appuyé ! (Aux voix ! aux voix!)

M. le Président. — L'amendement n'étant par apquyé, je n'ai pas à le mettre aux voix.

Un autre amendement a été présenté par MM. Perrier, Dufournel et de Lespérut...

M. le baron de Lesperut. — Nous le retirons!

M. le Président. — Alors je consulte l'Assemblée sur l'article 2.

(L'article 2 est mis aux voix et adopté.)

M. le Président. — Sur l'article 3, M. Henri Martin a proposé un amendement.

Plusieurs membres. — Il est retiré.

M. le Président. — Je mets aux voix l'article 3.

(L'article 3 est mis aux voix et adopté.)

M. le Président. — Je consulte l'Assemblée pour savoir si elle entend passer à la troisième délibération.

(L'Assemblée, consultée, décide qu'elle passera à la troisième délibération.)

SÉANCE DU 6 SEPTEMBRE

L'ordre du jour appelle la suite de la troisième délibération sur la proposition de MM. Claude (de la Meurthe), Laflize et consorts, tendant à faire supporter par toute la nation française les contributions de guerre, réquisitions et dommages matériels de toute nature causés par l'invasion. (M. Albert Grévy, rapporteur.)

M. ALBERT GRÉVY, rapporteur. — La commission a été saisie de la double question de savoir si les dédommagements alloués par le projet devaient être applicables aux dommages provenant du fait des autorités françaises et aux dommages résultant de la guerre civile.

La commission a déjà eu l'occasion de déclarer sur le premier point, que les dédommagements n'étaient applicables qu'aux dommages provenant du fait de l'ennemi, attendu que ceux qui ont souffert du fait des autorités françaises ont, de ce chef, droit de recours contre l'Etat. Sur le deuxième point, la commission a déclaré encore que les dédommagements ne sauraient s'appliquer aux dévastations produites par la guerre civile. La commission persiste dans ce double point de vue.

M. BOZÉRIAN conteste que l'Etat soit responsable de tous les dommages provenant du fait des autorités françaises. La loi dit formellement que les dommages résultant des travaux de défense ne sauraient donner lieu à aucune indemnité. La loi que nous allons voter, dit l'orateur, consacrera-t-elle ce point de vue, ou bien, par dérogation à la loi de 1853, portera-t-elle à la charge de l'Etat tous les dommages, de quelque nature qu'ils soient, provenus du fait des autorités françaises ?

M. Victor Lefranc. — Il y a des dommages qui, aux termes de la législation existante, donnent droit à une indemnité complète ; il y en a d'autres qui ne donnent droit à aucune indemnité. La loi actuelle, édictée pour un cas spécial et dans des circonstances exceptionnelles, ne saurait déroger à ce principe.

M. Cochery. — La question est de savoir si la loi de 1853, qui refuse l'indemnité dans le cas de dommages causés par les travaux de défense, sera rigoureusement appliquée et s'il est juste et équitable de l'appliquer.

M. Albert Grévy. — La loi présente ne prévoit pas le cas de dommages causés soit volontairement, soit involontairement, par les autorités françaises. Nous n'entendons nous occuper que de la réparation des pertes provenant du fait de l'ennemi.

M. Victor Lefranc. — La question soulevée par M. Cochery recevra plus tard sa solution, lorsqu'on s'occupera de celle des dommages généraux subis par le pays. Alors, nous ferons la part de la commune, du département et de l'Etat.

M. Keller. — La Prusse a indemnisé intégralement les habitants des départements annexés, à l'exception de ceux qui ont opté pour la nationalité française. Je pense qu'il est dans l'esprit de la commission d'appeler ceux-ci à participer à la répartition des dédommagements alloués par la présente loi.

M. ALBERT GRÉVY. — Je répéterai que les Alsaciens-Lorrains qui auront opté pour la nationalité française, demeurant citoyens français, seront naturellement appelés à bénéficier de la loi. Cela ne saurait souffrir aucune difficulté.

M. KELLER. — Je remercie l'honorable rapporteur de sa déclaration.

M. TOUPET DES VIGNES développe sur l'article 1er un paragraphe ainsi conçu :

« Le dédommagement sera de la valeur entière des pertes justifiées dans les dix départements désignés dans l'article 3 des préliminaires de paix, qui doivent rester occupés par l'armée allemande après le paiement de deux milliards, comme gage des trois milliards restant à payer par la France à l'empereur d'Allemagne. »

M. CLAUDE combat cet amendement comme contraire à l'esprit et au principe même de la loi, en tant qu'il crée entre les départements envahis une distinction dénuée de fondement. Que veut la loi ? Indemniser les départements envahis des pertes subies par eux avant le traité de paix. M. Toupet des Vignes voudrait que l'indemnité s'étendît aux dommages subis depuis la paix. Cette idée n'est pas admissible. D'ailleurs, les départements qui auront plus longtemps que les autres à subir le fléau de l'invasion sauront par patriotisme s'imposer ce surcroît de sacrifices.

M. TOUPET DES VIGNES insiste en quelques mots. (Aux voix !)

M. Albert Grévy déclare que l'amendement de M. Toupet des Vignes aurait pour effet de détruire l'économie de la loi.

M. Raudot a présenté l'amendement suivant :

« L'article 1er est maintenu et ainsi conçu :

« Un dédommagement sera accordé à tous ceux qui ont subi, pendant l'invasion, des contributions de guerre, des réquisitions soit en nature, des amendes et des dommages matériels. »

L'article 2, modifié par la commission, porte en substance :

« Les contributions et réquisitions de toute nature seront constatéés et évaluées par les commissions cantonales qui fonctionnent actuellement sous la direction du ministre de l'intérieur. Une commission spéciale sera chargée de la répartition. »

Art. 3 (projet de la commission). « La somme allouée par l'Etat pour ce dédommagement est fixée à 500 millions. Dans cette allocation, dont le chiffre ne pourra être dépassé sous aucun prétexte, ne sont pas comprises les pertes du département de la Seine qui ne sont pas encore déterminées et dont la réparation fera l'objet d'une loi postérieure : 100 millions seront mis immédiatement à la disposition du ministre des finances. » (Le reste comme au projet de la commission.) Puis ajouter : « 400 millions seront payés en rentes sur l'Etat à 5 pour 100 au pair. »

M. Raudot expose que son amendement a pour objet de faire cesser une incertitude qui compromet gravement le rétablissement de l'ordre normal et de la prospérité matérielle dans les pays envahis.

M. Victor Lefranc, ministre de l'agriculture, combat de la façon la plus absolue l'amendement de M. Raudot comme menaçant pour le crédit de l'Etat, crédit que nous avons le devoir de ménager soigneusement, si nous voulons amener, dans un bref délai, par le payement du quatrième demi-milliard, la libération de notre territoire et préparer le nouvel emprunt de 3 milliards.

En chargeant dès aujourd'hui le Trésor d'un nouveau passif de 500 millions, vous alourdiriez déplorablement le crédit et vous taririez les sources où il peut puiser. M. Raudot propose de payer en rentes. Mais les malheureux qui sont sans abri ont plus besoin d'un peu d'argent que d'un titre de rente. Ils revendraient leurs titres et il s'ensuivrait une double perte, pour eux et pour le Tresor. D'ailleurs, le chiffre des dommages subis tant par les départements que par Paris est encore inconnu.

En ces conditions, est-il possible de fixer d'avance une somme quelconque ? Le gouvernement vous demande donc de repousser l'amendement.

Un membre, député d'Eure-et-Loir, vient plaider la cause des victimes de l'invasion, et demande pour elles un secours immédiat. Ce n'est pas plus tard, c'est aujourd'hui, c'est pour la récolte prochaine qu'il leur faut de l'argent.

M. Raudot remonte à la tribune. (Aux voix !) L'orateur exprime l'espoir que la Chambre sanctionnera le principe que l'Etat doit indemniser les victimes de l'invasion. Il y va du crédit de l'Etat, qui, en définitive, doit reposer sur la justice égale pour tous.

L'amendement Raudot est mis aux voix et repoussé.

M. LE COMTE DE BÉTHUNE développe un amendement ainsi conçu :

Art. 3. — Une somme de 100 millions sera mise immédiatement à la disposition du ministre des finances, et répartie entre les départements envahis au prorata des pertes qu'ils ont éprouvées... »

(Le reste de l'article comme au projet.)

L'orateur plaide en faveur des villes qui, à l'exemple de Mézières et de Bazeilles, ont été détruites par l'ennemi. Il exprime l'espoir que son amendement, accepté par le gouvernement et par la commission, sera adopté par la Chambre.

L'amendement de M. de Béthune est adopté.

L'article 3 est maintenu, sauf addition de l'amendement Béthune.

M. VICTOR LEFRANC. — En conformité d'une déclaration faite naguère par M. le Chef du pouvoir exécutif, je viens, d'accord avec mes collègues du gouvernement, vous proposer une disposition additionnelle tendante à mettre à la disposition des ministres des finances et del'intérieur une somme de 10 millions destinée à être répartie, sauf règlement ultérieur, entre les habitants du département de la Seine qui ont le plus souffert des opérations d'attaque et de l'entrée des troupes françaises à Paris.

Voix à droite. — Cela pourrait faire l'objet d'une loi speciale.

M. VICTOR LEFRANC. — Nous préférons en faire une disposition additionnelle au projet, car il importe que par la même voie soient réparés tous les désastres causés par une guerre que d'autres que nous ont provoquée.

M. LE PRÉSIDENT. — La commission a-t-elle examiné l'article additionnel ?

M. ALBRRT GRÉVY. — La commission a accepté l'article, à la suite d'explications qui nous ont été données, et desquelles il résulte expressément que l'esorit général de la loi n'en sera pas altéré.

M. LE DUC DE LA ROCHEFOUUAULT-BISACCIA. — Je viens vous demander l'ajournement de cet article additionnel présenté à la dernière heure. Il avait été convenu que la question de Paris demeurerait réservée. Pour le moment, nous n'avons à nous occuper que de la province et nullemeht du département de la Seine. Je demande l'ajournement de la question. (Très bien ! à droite.)

M. VICTOR LEFRANC. — Des raisons graves engagent le gouvernement à repousser l'ajournement. (Interruptions à droite.) On nous dit que les renseignements nous manquent. M. le préfet de la Setne vient de me remettre un état qui porte à dix-huit millions le chiffre des dommages dont il s'agit. Ce n'est là qu'un état provisoire, et nous ne vous demandons pas de fixer un chiffre définitif.

La question est de savoir si nous voulons dès

aujourd'hui faire pour Paris ce que nous allons faire pour la province. (Nouvelles rumeurs à droite.) On aurait pu faire un projet spécial. (Oui! oui ! à droite.) Mais, vu la nécessité d'agir promptement, nous avons pensé qu'il était préférable d'éviter les délais d'une autre présentation de loi, en inscrivant dans la présente loi une disposition qui peut être votée immédiatement.

Voulez-vous mettre le gouvernement dans la cruelle alternative ou de laisser sans secours des souffrances dignes de tout son intérêt, ou de violer, pour les secourir, les règles de la comptabilité de l'Etat et du gouvernement parlementaire?

M. DE LA ROCHEJAQUELIN. — Ce que nous demandons, ce n'est pas un ajournement indéfini, mais un ajournement qui permette d'étudier les éléments de la question. (Murmures à gauche.)

M. DENORMANDIE. — Il semble ressortir du langage tenu tout à l'heure par M. de La Rochefoucauld-Bisaccia que le département de la Seine et Paris doivent demeurer en dehors de la loi actuelle. C'est là une idée contre laquelle je tiens à protester. Je demande qu'il soit bien entendu que Paris et le département de la Seine, en tant que département envahi, seront appelés au bénéfice de la présente loi.

M. BUFFET. — L'amendement du ministre de l'agriculture n'est pas, en la forme actuelle, immédiatement acceptable. Je ne repousse pas d'une manière absolue le principe en vertu duquel on doit accorder des dédommagements à ceux qui ont souffert des mesures prises pour repousser l'insurrection de Paris; mais je ne saurais admettre la situation privilégiée que l'amendement du ministre voudrait leur faire.

Voix à gauche. — Vous voulez sacrifier Paris à l'intérêt général.

M. Buffet. — Même en acceptant l'assimilation entre des dommages résultant de la guerre étrangère et ceux résultant de la guerre civile, l'amendement ne serait pas admissible, attendu qu'on ignore encore les chiffres des dédommagements à allouer. Je demande que l'on n'accorde pas plus à ceux qui ont souffert de la répression de l'émeute qu'à ceux qui ont souffert de la guerre étrangère.

M. Victor Lefranc. — Cet amendement n'est pas celui du ministre du commerce, mais celui du gouvernement. D'ailleurs, cet amendement ne donne pas un chiffre définitif, mais seulement une provision. Si vous trouvez cette provision trop élevée, abaissez-la, le gouvernement n'y fait aucune objection. Mais lorsqu'on dit que nous voulons faire à Paris une situation privilégiée, on se trompe.

La seule irrégularité consiste en ceci; que nous venons vous prier de voter dès aujourd'hui la disposition additionnelle qui vous est proposée. Votez-la, et, croyez-moi, vous ferez de la bonne politique.

M. le marquis de Mornay demande que la provision de dix millions soit ramenée à trois millions.

Le gouvernement propose six millions.

M. Albert Grévy vient constater qu'il est entendu que le chiffre de cent millions demandé par l'article 1er du projet laisse intacte la question des deux cents millions que la ville de Paris a versés à l'autorité allemande.

Voix à droite. — Pourquoi ne met on pas l'ajournement aux voix ?

M. LE PRÉSIDENT. — On met aux voix l'ajournement d'un projet, mais on ne met pas aux voix l'ajournement d'un amendement, et votre demande n'a pas de portée, parce qu'elle n'a pas d'application possible.

L'article additionnel à l'article 3 est mis aux voix et adopté par assis et levé, une demande de scrutin public ayant été retirée par ses auteurs.

M. LE PRÉSIDENT. — Le gouvernement, d'accord avec la commission, présente un nouvel article qui deviendra l'article 4 de la loi et qui porte en substance :

« Indépendamment des dispositions qui précèdent, les contributions en argent perçues à titre d'impôt par les autorités allemandes seront réglées ainsi qu'il suit :

» § 1er. — Les communes qui ont versé des sommes à titre d'impôt à l'autorité allemande seront remboursées par le Trésor.

» § 2. — Les contribuables qui justifieront du paiement de l'impôt entre les mains des autorités allemandes seront admis à les porter en déduction des impôts qu'ils ont à acquitter.

» § 3. — Le réglement ci-dessus spécifié comprendra : 1° L'impôt direct simple français ; 2° le double de l'impôt direct représentant l'impôt indirect ; 3° ceux qui excèdent le double de cet impôt direct. »

M. Ernèst Picard présente un amendement dont la rédaction lui paraît plus claire, mais qui est d'ailleurs conforme quant au fond à l'article du gouvernement et de la commission.

Cet amendement est ainsi conçu :

« Art. 4. — Les contributions en argent perçues par les autorités allemandes, à titre d'impôt sur les communes, seront remboursées par l'Etat, soit aux communes, soit aux contribuables qui en auront fait l'avance.

» Art. 5. — Les habitants qui justifieront par quittance ou autrement du versement de ces impôts seront admis à en appliquer le montant en déduction des contributions qui leur seront réclamées par les agents de l'administration française sur les rôles de 1870 et de 1871.

» Ils seront tenus de produire, dans le délai d'un mois, les pièces justificatives.

» En cas de contestation, il sera sursis aux poursuites jusqu'à ce que le ministre ait statué. »

M. le baron Lespérut demande le renvoi de cet amendement à la commission. L'orateur estime que le ministre des finances a le devoir de rembourser immédiatement, s'il ne l'a pas fait encore, les impôts payés par les communes aux autorités allemandes.

M. Albert Grévy. — La commission est d'accord sur le fond avec les auteurs de l'amendement et elle croit avoir tenu compte de leurs préoccupations dans l'article qu'elle vous propose.

M. Ernest Picard. — Puisque le gouvernement et la commission sont d'accord avec nous sur le principe, nous maintenons notre amendement, qui donne satisfaction à tous les droits.

M. Victor Lefranc. — Le gouvernement n'accepte que l'article proposé par la commission, d'accord avec lui.

M. Pouyer-Quertier, ministre des finances.— A partir du 2 mars les réquisitions ont cessé. Quant aux sommes perçues depuis cette époque par les autorités allemandes, il en a été tenu compte par le gouvernement prussien au gouvernement français, et ces sommes seront remboursées aux intéressés. Cela ne saurait souffrir aucune difficulté.

M. E. Picard, au nom de ses collègues, retire l'amendement.

L'article 4 de la commission, devenu l'article 3 (l'article additionnel à l'article 3 étant devenu l'article 4), est mis aux voix et adopté.

Un amendement est retiré par M. le marquis d'Andelarre, qui en fera l'objet d'une proposition spéciale.

M. Keller, au milieu d'un bruit qui couvre entièrement ses paroles, développe un amendement ou article additionnel, ainsi conçu :

« *Article additionnel.* — Art. 4. — Les fonctionnaires et agents dépossédés appartenant aux diverses administrations dans les territoires annexés à l'Allemagne, s'ils ont opté pour la nationalité française et demandé à être replacés en France, pourront être admis à participer à cette allocation tant qu'ils resteront privés de leur traitement.

» Une somme de cinq cent mille francs sera

prélevée sur ladite somme de 180 millions, et immédiatement répartie entre les différents ministères pour être distribuée aux ayants-droit dont les situations et les titres auront été préalablement vérifiés. »

M. Victor Lefranc déclare que la disposition proposée par M. Keller étant entièrement étrangère à la loi ne saurait y trouver accès. Il ajoute que d'ailleurs le gouvernement ne perd pas de vue les intérêts que M. Keller recommande à sa sollicitude.

M. Lefébure monte à la tribune. — (Aux voix ! aux voix ! — La clôture !) L'orateur plaide la cause des nombreux fonctionnaires alsaciens dépossédés de leur gagne-pain, et qui demeurent sans traitement.

Voix à droite : Ce n'est pas la loi !

L'ensemble du projet de loi est soumis au scrutin public, qui donne les résultats suivants :

Votants...................... 616
Majorité absolue............. 309

Pour..... 612
Contre.............;.... 4

L'Assemblée a adopté.

LES 100 MILLIONS D'INDEMNITÉ

Une loi du 6 septembre 1871 porte qu'un dédommagement sera accordé à tous ceux qui ont
subi pendant l'invasion des contributions de
guerre, des réquisitions, soit en argent soit en
nature, des amendes et des dommages matériels.

Conséquemment, uné somme de 100 millions a
été mise à la disposition du gouvernement, à titre
de première allocation.

Une vaste enquête a été ouverte à l'aide de
commissions cantonales spéciales ; il en résulte
que le total des réclamations s'élève au chiffre
de 821,087,980 fr. 52 c,

Cette somme se répartit entre 34 départements et 13,700 communes, et se décompose de la manière suivante :

Contributions de guerre payées aux Prussiens avant et après la ratification des préliminaires de paix (26 février 1871), soit 39,058,913 fr. 89 c.

Impôts perçus par les Allemands avant et après la même époque, soit 49.149.622 f. 56 c.;

Estimation en argent des réquisitions de tout autre nature, soit 327.581.506 fr. 64c.;

Estimation en argent des dégâts et pertes par suite d'incendie ou autres causes, soit 141.430.095 fr. 22 c.;

Valeurs des titres, meubles, et autres objets mobiliers enlevés sans réquisitions, soit 264,172,802 fr. 46 c.

Ce dernier tableau est le plus important à faire connaître, parce que, malgré les termes atténués dont se sert le *Journal Officiel*, il donne le détail des vols commis par les Prussiens.

Cette liste lamentable se trouve tout entière dans le tableau qui va suivre et qui comprend en outre la désignation des départements, le total des réclamations de chaque département et le montant de l'allocation.

Cela dit, voici ce tableau :

DÉSIGNATION DES départements.	VALEUR des titres, meubles et autres objets mobiliers enlevés sans réquisition.		TOTAL par département.		SOMMES attribuées à ch. département dans la répartition des 100 millions.
	fr.	c.	fr.	c.	fr.
Aisne......	1,820.936	64	31,091,950	01	3,748,800
Ardennes...	9,193,915	98	40,499,033	11	4,833,000
Aube	179,270	68	10,461 433	79	1,281,300
Calvados....	11.343	55	805,886	04	97,200
Cher	41,177	»	107,813	70	13,030
Côte d'Or...	2,623,588	26	12,123,687	78	1,461.800
Doubs......	2,520 663	81	7.893,280	58	951,700
Eure......	1,607,123	14	12.762,020	99	1,538,700
Eure-et-Loir	3,730,276	05	28,047,794	87	3,381,800
Ind.-et-Loire	422 265	70	6,951,492	82	838,100
Jura	2,563.954	71	9,216 043	68	1.114.200
Loir-et Cher	7,420.732	20	20 973 217	82	2.258.800
Loiret......	15,272 901	64	41,861,973	04	5,047,470
Marne......	1,416,077	59	33,987,967	21	4,098,000
Marne (II)..	542,889	51	11,037,382	75	1,330,700
Mayenne ...	413,300	33	874,748	28	105,500
Meurt-et-M	2,997,645	40	40,382,000	50	4,868,900
Meuse......	4,297,484	45	34,928,331	63	4,211,300
Nièvre	4,018	»	5.618	»	700
Nord.......	337,037	52	2,239,835	19	270,100
Oise	858,295	93	19,187,898	77	2,313 500
Orne.......	1 496,876	61	5,012.797	12	604,400
Pas-de-Cal..	512,806	11	2,496,749	97	301,100
Rhin (H.-)..	1,230,155	70	6,640,169	07	800,600
Saône (H.-)	3,158,079	»	11,071,374	03	2,058,300
Saône-et-L.	6,781	65	31,171	02	3.700
Sarthe	5,757,969	38	24,290,920	94	2,928,800
Seine.......	96,632 635	»	96,632,635	»	11,651,200
Seine-Inf...	1,223,897	75	29 456,282	94	3 551,600
Seine-et-M.	13,808,120	59	55,123,880	98	6 646 500
Seine-et-O.	78,667,157	32	167,421,829	86	20 186.400
Somme.....	2 477,823	94	32 650 180	43	3,936 700
Vosges	298,803	96	9,488 510	87	1,144,100
Yonne	616,892	23	9 332,005	34	1.125,200
Réserve..	....		....		1,000,000
Totaux..	264,172,802	46	821,087,980	52	100,000,000

Remarquons enfin, que sur les cent millions votés par l'Assemblée nationale, le gouvernement en distrait un qui est mis en réserve pour faire face aux cas imprévus, notamment pour secourir les habitants ayant quitté l'Alsace ou la Lorraine et domiciliés aujourd'hui en France, ou pour venir en aide à une certaine catégorie d'habitants ou d'anciens employés dans les départements annexés à l'Allemagne, et qui, restés au sein de leur pays, ont opté pour la nationalité française.

Paris. — Imp. Kugelmann, 13, rue du Helder.

LE XIX⁰ SIÈCLE

JOURNAL QUOTIDIEN, POLITIQUE ET LITTÉRAIRE

Directeur, Réd. en chef, GUSTAVE CHADEUIL

Bureaux : A Paris, 2, rue Drouot.

Le XIX⁰ Siècle n'est d'aucune coterie. Sa politique nationale, toute de bon sens et d'honnêteté, s'appliquera franchement à soutenir la République, sans approbation systématique comme sans parti-pris. C'est essentiellement un journal de libre discussion. Il aspire à devenir le *Times* français,

RÉDACTEURS PRINCIPAUX : MM. Francisque Sarcey, X..., E. Schnerb, Léon Guillet, Jules Noriac, A. Husson, Ed. Bauer, Alfred Assolant, Ch. Yriarte, Ch. de la Rounat, Hipp. Lucas, Wilfrid Chauvin, Léon Gatayes, etc.

COLLABORATEURS LITTÉRAIRES : MM. Alphonse Karr, A. Dumas, V. Sardou, Paul Féval, Champfleury, Élie Berthet, Erkman-Chatrian, Gustave Droz, Emm. Gonzalès, Alex. de Lavergne, Philib. Audebrand, Eug. Muller, etc.

ABONNEMENTS

Paris : **50** fr. par an ; **25** fr. pour six mois ; **13** fr. pour trois mois.

Départements : **62** fr. par an ; **32** fr. pour six mois ; **16** fr. pour trois mois.

Une action de jouissance de *CENT francs*, 5 0/0, est délivrée gratuitement aux dix mille premiers abonnés d'un an. Ils en jouiront pendant dix années, lors même qu'ils ne renouvelleraient pas leur abonnement.

PARIS. — IMPRIMERIE DE GEORGES KUGELMANN

13, rue du Helder, 13.